WIZARD

実践
ディープバリュー
投資

専門知識不要でできる
企業分析

DEEP VALUE INVESTING,
2nd edition

Finding bargain shares with BIG potential by Jeroen Bos

イェルン・ボス[著]
長尾慎太郎[監修]　藤原玄[訳]

Pan Rolling

Deep Value Investing, 2nd edition:
Finding bargain shares with BIG potential
by Jeroen Bos

Copyright © Jeroen Bos

Japanese translation rights arranged with HARRIMAN HOUSE LTD.
through Japan UNI Agency, Inc., Tokyo

監修者まえがき

　本書は、ディープバリュー銘柄への投資を専門とするファンドマネジャー、イェルン・G・ボスの著した"Deep Value Investing：Finding bargain shares with BIG potential"の邦訳である。世にバリュー投資を標榜するファンドは多いが、真に各企業のバリューに着目した投資スタイルを採用するファンドは少なく（多くは投資戦略にバリューファクターを使っているにすぎず、これは狭義のバリュー投資とは似て非なるものである）、さらにそれがディープバリュー投資のファンドとなると数えるほどしかない。なぜなら、この投資スタイルにおいては高い忍耐力と信念が要求されることに加え、ディープバリュー銘柄の多くは時価総額が小さいゆえにアナリストカバレッジから外れており、また流動性にも劣ることから、純資産総額の大きなファンドでの運用対象には向かないからである。この傾向はMiFIDⅡ（第二次金融商品市場指令）やフェア・ディスクロージャー・ルールの影響によって、今後はさらに顕著になると考えらえる。

　このため、ディープバリュー投資は、本来は賢明で思慮深い個人投資家の世界である。だが、少数ながらディープバリュー投資を専門とする機関投資家もおり、彼らは特異に優れたパフォーマンスを残してきた。本書はそうした運用者の銘柄選択の考え方を分かりやすく示したものである。

　内容としては、第2章の終わりにあるような、著者がモメンタムに言及している箇所なども大変興味深いが、私たち日本の投資家にとってなによりの朗報は、日本市場はネット・ネットのディープバリュー銘柄の宝庫だと著者が述べているところにある。それらの銘柄についてはもともと情報量が少ないうえに、それが日本語でしか手に入らないことも多く、したがってそれらを適切に売買するには日本語が分か

ることが極めて有利な条件になるからだ。実際、グローバルな投資家にとって日本市場は、中国市場やロシア市場と並んで、現地語が収益獲得の見えない障壁となっている最後の領域である。ほかの言語（フランス語やスペイン語など）圏においては、英語でも同時に情報がリリースされるか、もしくは高精度な機械翻訳によって内容が瞬時に世界中に伝播してしまう。

　しかし、マシンによるNLP（自然言語処理）ができる日本人にとっては、逆に言語による見えない堀の存在が、日本市場におけるディープバリュー投資を競合者がほとんどいないブルーオーシャンにしていることになる。さらに機械が運用するのであれば、忍耐力や信念の高さが問題になることはそもそもない。金融市場におけるAI（人工知能）開発者の立場から言うと、一見するとまったく対極にあるように思える先端技術とディープバリュー投資とのマッチングが非常に良いという事実の示唆は、本書から得られる最大の収穫である。これからも多くの国の人が本書を読むことになると思うが、おそらく最大の利益を受ける読者は日本の個人投資家とデータサイエンティストである。

　翻訳にあたっては以下の方々に心から感謝の意を表したい。まず藤原玄氏には正確で読みやすい翻訳を、そして阿部達郎氏は丁寧な編集・校正を行っていただいた。また本書が発行される機会を得たのはパンローリング社社長の後藤康徳氏のおかげである。

2019年3月

長尾慎太郎

CONTENTS

CONTENTS

監修者まえがき　　　　　　　　　　　　　　　　　　1
第2版に寄せた序文　　　　　　　　　　　　　　　　9
初版に寄せた序文　　　　　　　　　　　　　　　　13
第2版のまえがき　　　　　　　　　　　　　　　　　17
初版のまえがき　　　　　　　　　　　　　　　　　21

序　章　ディープバリュー投資家たること　　　　　23

第1部　ディープバリューの哲学

第1章　ディープバリュー投資　　　　　　　　　　31
第2章　ディープバリュー投資はどのように機能するのか　　37

第2部　ディープバリューの成功例

第3章　スプリング・グループ　　　　　　　　　　47
第4章　モス・ブロス　　　　　　　　　　　　　　53
第5章　アーマーグループ・インターナショナル　　59
第6章　モアソン・グループ　　　　　　　　　　　67
第7章　ハーバード・インターナショナル　　　　　73
第8章　ベロシ　　　　　　　　　　　　　　　　　79
第9章　ブルームズベリー・パブリッシング　　　　87
第10章　Ｂ・Ｐ・マーシュ・アンド・パートナーズ　95
第11章　バラット・ディベロップメンツ　　　　　103
第12章　MJグリーソン　　　　　　　　　　　　　115
第13章　パンミュア・ゴードン・アンド・カンパニー　123
第14章　三信電気　　　　　　　　　　　　　　　133

第3部　ディープバリューの失敗例

第15章	RABキャピタル	143
第16章	アビークレスト	151
第17章	フレンチ・コネクション	159
第18章	ノルコン	169

第4部　明日のディープバリュー株

第19章	エンテック・アップストリーム	181
第20章	ハーグリーブス・サービシズ	191
第21章	ランプレル	197
第22章	ハイドロジェン・グループ	205
第23章	レコード	213

エピローグ　221
謝辞　223

本書を妻のアヌークに捧ぐ

第2版に寄せた序文

メリン・サマーセット・ウエッブ

　職業柄、多くのファンドマネジャーに出会う。新参者もいれば、古株もいる。大手の企業を飛び出して、自ら創業する者もいる。彼らはみんな同じ話をするものだ。つまり、実際の価値よりも低い価格で株式を買うという簡潔極まる方法で、平均的なファンドマネジャーよりも多くのお金を稼ごうというのだ。

　素晴らしい計画だ、と私は答えるだろう。だが、どうやってそれを見いだすのだろうか。

　その答えはさまざまであるが、自分たちは市場のほかの人たちにはない千里眼を持っているという人が多い。彼らは、世界的な金融政策や経済成長がどのような結果になるかを、ほかのファンドマネジャーよりも明確に見通すことができると主張する。彼らは、テクノロジーが将来の生産性をどのように左右するのか、またどのようなものとするのかをより正確に理解することができるのだ。彼らは過大なバリュエーションと思えるものが実はそうではないと見分ける特別な方法を持っている。もしくは、彼らはほかの者たちが用いていない、将来をより正確に予測することができる新たなバリュエーション手法を編み出したのであろう。

　これらは、チャーリー・マンガーが現代の投資における「ナンセンスでいい加減なコンセプト」として一蹴したものの典型である。しかし、それらが有効であることもある。実際に将来の予測を得意とするファンドマネジャーもおり、彼らはそうすることで富を築いている。それでもまだ、かなりの努力が無駄であるように感じざるを得ない。なぜだろうか。それは、苦労をして将来を予想しなくても、実際の価値よりも低い価格で株式を買うことはほぼ確実に可能であることを投資

の歴史が教えているからである。

　ディープバリュー投資の祖ベンジャミン・グレアムは、1949年に著した『**賢明なる投資家**』(パンローリング)でそのことを伝えている。グレアムは、「無視または偏見」ゆえに客観的な本源的価値よりも低い価格で取引されている株式もあると述べている。そのような状態が「不当なまでに長い期間」続くことがあるが、長期的な時間軸を持つ者たちは、そのようなPER(株価収益率)の低い割安株を買って、待ちさえすればよい。彼の研究はこれが完璧に機能することを描きだした。1937年から1969年までの期間に、ダウ・ジョーンズ工業株平均に投じられた1万ドルは2万5300ドルとなった。しかし、割安銘柄に投じられた1万ドルは6万6900ドルまで増大したのである。

　ジェームス・P・オショーネシーは、著書『**ウォール街で勝つ法則——株式投資で最高の収益を上げるために**』(パンローリング)のなかでさらに驚くべき数字を示している。2003年までの52年間で、高PER銘柄に投じられた1万ドルは79万3558ドルまで増大した。これはこれで素晴らしい。だが、低PER銘柄に資金を投じていたとすると、リターンはさらに素晴らしいものとなっていた。つまり、818万9182ドルとなっていたのである。PBR(株価純資産倍率)の低い銘柄を買っていたら、2003年末には資産が2200万ドルも増えていたのである。本当に素晴らしい。

　では、これらの数字があるにもかかわらず、なぜ世界中の長期的投資家は過去50年間にバリュー株を買い、それによってこの優位性を最終的に生かすことをしてこなかったのだろうか。答えは簡単である。それはあまりに簡単で、かつあまりに難しいからである。容易なように思えるし、本書でのボスの説明でもそれは裏付けられている。しかし、忍耐力が必要なのだ。見るからに魅力のない銘柄の本当の価値に市場がいつ気づくかなど、だれにも分からない。コントラリアン的なものの見方が求められるのだ。つまり、市場のほかの者たちが好感してい

ない銘柄に投資するのは容易ではないが、単なる「バリュー」株ではなく、ディープバリュー銘柄を追い求めているのであれば、それをしなければならない。楽観的であることも求められる。つまり、ほかのすべての者たちがその銘柄または銘柄群に終わりなき悲観論を唱えているときに、正反対の主張に目を向けることが必要となる。また、旧態依然とした分析もある程度必要となる。つまり、ほとんどのディープバリュー銘柄はアナリストがカバーしていないので、自分で貸借対照表（バランスシート）の分析を行わなければならないであろう（幾つかの例外もある。ボスによる住宅メーカーのケーススタディを参照されたい）。そして、長い長い時間軸が必要となる。顧客であるイギリスの投資家の大多数が、自分たちのファンドマネジャーにそうさせていると口では言っているが、実際はそうではない。これらの性質を併せ持つことは難しく、そのようなファンドマネジャーや一般の人々はほとんどいない。

　ここ最近、バリュー投資は投資家の間で流行していない。これまでにないほど長期にわたってグロース株に比してアンダーパフォームしており、2017年初頭に一時的な回復を示しはしたが、金融危機以降、バリュー株（MSCIワールド・バリュー・インデックスで定義した）はグロース株（MSCIワールド・グロース・インデックス）に比べて大幅にディスカウントされたままである。10年前、イギリスのファンドマネジャーのおよそ40％は、客観的なバリュー投資にティルトしていた（イクスポージャーを傾けていた）。今日、その数値は14％を若干上回る程度である（モーニングスターまたはシュローダーによる）。これはセクターについても同様である。ほとんどすべての投資家が同じようなバイアスを抱いており、それによって今日、ディープバリュー投資家はいつも以上に厳しく（本当に寂しい）、また容易で、競争がほとんどない環境に身を置いている。しかし、市場の平均回帰性を考えれば、バリュー投資が再び日の目を見る日は近いと言えるかもしれない。

MSCIワールド・グロース・インデックスのPTBV（株価有形純資産倍率）がいまや、2000年のハイテクバブル時の高値よりも高いことに留意されたい。金利はここ3000年で最も低くなっており、また投資家は高値を付ける「クオリティ」株の成功例と考えている銘柄に過剰な価格を支払うことにやかましく言わなくなっているので、「本書」の新版はまさにタイムリーな存在となることであろう。ボスのケーススタディを読み、知的にも、感情的にもディープバリュー投資が性に合っていると感じた者たちは、そうではない者たちよりも、知らない間に向こう数十年にわたる投資の心構えができているのかもしれない。

　2017年12月　エジンバラにおいて

初版に寄せた序文

マイケル・バン・ビエマ

　現代の金融論はリスクとリターンに明確な関係性があることを前提としている。イェルン・ボスと彼の投資スタイルは便利ではあるが、バカ正直なリスクとリターンの定義の誤りを実証している。本書において、ボスはディープバリュー投資家となることで、リスクが極めて低く、リターンが大きい投資をどのようにして選び出すかを解説している。

　ボスは、私が自由の女神投資と呼ぶたぐいの投資を実践している。言い換えれば、「貧しきもの、忘れ去られしもの、愛されざるものを与えたまえ……」ということだ（淑女の台座に実際に刻まれている言葉をリベラルに書き換えた）。彼が探し求めている企業は、投資界のほとんどから忘れ去られていたり、または意図的に敬遠されているような銘柄ばかりである。しかし、この投資界の冥府の奥に分け入ると、圧倒的な価値を示す株式を見いだすことがある。それらの銘柄の価値は、経営陣またはアナリストの幻想に基づいた将来の利益では正当化され得ないが、同社の貸借対照表（バランスシート）に示された目の前の事実によって正当化されるものである。

　実際に、本書においてボスは簡潔かつ極めて効率的な方法で貸借対照表をとらえる術を教えている。彼の目的は企業を丸裸にし、貸借対照表上の資産が負債を上回っている企業を見つけ出すことである。そうすることで、その企業の株式に投資する「リスク」は大きく軽減され、また、さらに重要なことに潜在的なリターンを正確に予測することが可能となる。本書で紹介される17件の詳細な投資事例では、いわゆるネット・ネット株に焦点が当てられている。そのようなネット・ネット株を最初に提唱したのは、バリュー投資の父であり、実際に証

券分析という分野を生み出した人物とされるベンジャミン・グレアムである。ネット・ネット株とは、流動資産が同社の負債の全額を上回っている企業の株式のことである。グレアムが言うように、それは１ドルを50セントで買う術なのだ。

ボスはロンドンの株式ブローカーとしてバリュー投資家のキャリアをスタートさせ、その地で、不人気銘柄や50セントで売られている１ドルに関する自らの持ち味を独力で高めてきた。かつて彼自身が語ったように、彼はこの手の投資に理想的な性格の持ち主である。つまり、頑固で、しみったれなのだ。冗談はさておき、偉大なるバリュー投資家は割安株に鼻が利き、さらにそれらが本当に割安な株価となっているときだけ取得する厳格な規律を持っていなければならないとする彼の主張には一条の真実がある。

後にボスは、カナダの伝説的なバリュー投資家で、33年間のキャリアを通じて年率17％のリターンを上げたピーター・カンディルを顧客に持った。カンディルは私の個人的な友人であり、またわが社の諮問委員会のメンバーでもあった。カンディルは親切で優しい人物であるが、バカ者には容赦がなかった。彼がボスとの取引で利益を上げたこと、とりわけアムストラッドの取引を見れば、ボスが単なる凡人ではなく、グレアムスクールの一流投資家のひとりのお眼鏡にかなう投資対象を見いだす能力を持っていることが分かる。

本書ではサービス部門の企業に焦点が当てられているが、それらの企業が経済環境の変化に即座に対応できることがその理由である。ボスは貸借対照表に巨額の負債を抱える企業を避け、キャッシュリッチな企業に好んで目を向ける。

対象とする企業は、サービス部門から軍事産業、銀行や両替商と幅広い。ボスはまた、小売業への投資や、より「流行に敏感」な分野への投資に伴う難しさを説明してもいる。本書で紹介されている投資のなかには、伝説として語られるものもある。いわゆる３倍株が多いが、

ほどほどの成功を収めた案件でさえ、モアソン・グループのケースでボスが「5億ポンドの収益を上げる黒字企業を2000万ポンドを下回る価格で買うことができる」と述べているように、その価値に対して大きく割り引かれている企業の株式を買うことができるという意味では特筆に値しよう。

本書では、彼が誤りを犯した幾つかの例や、いまだ結果が分からない案件まで提示されている。そのなかでもおそらく最も有益なのはアビークレストのケーススタディで、ボスは多額の負債を抱えている企業は避けるという自らの原則を破り、不幸にも悲惨な結果に陥っている。それ以外に興味深い記述を挙げるとすると、イギリスの住宅メーカーであるバラット・ディベロップメンツとMJグリーソンのケースがある。どちらも極めてうまくいった案件ではあるが、同じ業界に属しながらも、それぞれが抱えるリスクはまったく異なるものであった。

本書のもうひとつユニークな点は、ボスの売りに関する原則である。彼が正しくも指摘しているとおり、彼が求めている投資対象の株は容易に大量の取引を行うことができない。また、それを見いだし、長い時間をかけて「発展させる」ことも容易ではない。多くのバリュー投資家とは異なり、彼は投資対象が公正価値に達したときに必ずしも売るとは限らない。むしろ彼は、利益に弾みがつき、株価がさらに上昇するのを待つのだ。それゆえ彼は、ほかのバリュー投資家とは異なり、利益の取りこぼしが少ないのである。

この手の投資の利点のひとつが、指摘されているとおり、利益予想や経営陣による決算見通しに依存しないことである。当然のことながら、それらは貸借対照表よりも信頼性に乏しく、また安定しない。実際に、すべてとは言わずとも、ほとんどの投資家がこの手の予想に過度に依存しているため、収益に基づいて取引を行う投資家が株価のボラティリティを生み出し、ボスなどの貸借対照表に基づいて取引を行う投資家がそれを利用することになる。

偉大なるバリュー投資家たるためには幾つかの特徴が必要である。われわれの会社で求めているものを挙げるとすると次のとおりである。

● 長期的視野を持つ
● 反対意見を進んで受け入れる
● 忍耐力
● 規律

本書を読み進めるにあたり、彼が説明しているケーススタディにおいて、これらの特長がどのように示されているか考えてみてほしい。そうすることが、読者自身の投資家としてのキャリアに資することになるであろう。

2013年　ニューヨークにおいて

マイケル・バン・ビエマは、かつてコロンビア大学でファイナンスの教授を務め、その後ニューヨークを本拠とするバン・ビエマ・バリュー・パートナーズLLCを創業し、マネージング・パトーナーを務めている。共著に『バリュー・インベスティング・フローム・グレアム・トゥ・バフェット・アンド・ビヨンド（Value Investing from Graham to Buffet and Beyond）』がある。

第2版のまえがき

　本書の初版が出版されたのは2013年11月であるが、2017年の今、私は第2版のまえがきをしたためている。大幅な変更があったから新版を出すのではない。筋金入りのこの投資手法には新しいアプローチなど不要であるし、ディープバリュー投資の機会は日々市場にあふれている。今回は、初版の出版時に取り組んでいた投資に関する進捗リポートを提供し、またこの間に行ったディープバリュー投資に関する興味深いケーススタディを幾つか紹介していく。

　例えば、初版でバラット・ディベロップメンツについて記した。最終的にわれわれは2016年に同社の保有株を652ペンスで売却したが、当初の取得価格である1株当たり90ペンスに対して素晴らしいリターンを上げた。ほとんど見限られていたセクターにあって、その力強い回復は驚くべきものであった。2016年に行われたEU（欧州連合）離脱を巡るイギリスでの国民投票によって幾つかの投資機会が生まれたにせよ、住宅建設セクターのバリュエーションはもはやかつてのように魅力的なものではなくなっていた。しかし、潜在的な投資対象はそこかしこにあふれているのだ。

　90ペンスから652ペンスということは、リターンにすれば624％という計算になる。いつものことながら、ごく一般的な企業に対する投資でこれほどのリターンが上がることに私は驚いている。しかし、ディープバリュー投資においてはあり得ることなのだ。ディープバリュー投資の投資哲学は、投資家に極めてバリュエーションが低い資産を見いだす機会をもたらすものである。そのような資産のすべてが報いをもたらすわけではないが、要素（その詳細は本書に記してある）がすべて整っているならば、たいていの場合、投資家は喜ばしい驚きを味わうことになる。すべてのダイバーと同じように、宝物を引き上げる

まではそのプロセスを繰り返さなければならない。しかし、宝物はそこにあるのだとの確信が必要である。

　もちろん、リスクのない投資など存在しない。株式が安値で取引されていることはまことに結構なことであるが、安値であるのはそれ相応の理由があるものなのだ。ディープバリューのダイバーは残骸のなかを探索しなければならない。まずは評価のための主要な数字から始めることが重要である。それゆえ、関連するプレスリリースに目を通し、公表された業績に楽観できるパターンが見られるかどうかを探ることが重要となる。資産の構成要素に目を向け、さまざまな科目を検証すればよい。やがて何が本当に有望で、何が有望でないかが分かるようになる。大量の詳細なケーススタディを通して私が実際に行っていることをお伝えすることで、本書でそのプロセスと、ディープバリュー投資家にとって何が有効で何が有効でないかを余すところなく示し、読者の理解を助ける一助となることを願っている。

　新しいケーススタディはできるかぎりバラエティに富んだものにし、本書のしかるべき章に配置した（ご覧いただけるとおり、ケーススタディを成功したもの、失敗したもの、現在投資しているものに分類している）。固形燃料と原料輸送を行うハーグリーブス・サービシズという企業に関する新たな章を設けている。同社の長期にわたる株価チャートを見れば、見込みがないものと考えることであろう。しかし、この手の企業を見るとジェームズ・ボンドを思い出す。つまり、悪人（すなわち市場）がどれほど望み、けしかけようと、けっして死なない。同社は、固定資産を一部売却する企業の例に含めた。それによって企業の見通しが変化し、また、構造的変化に対応する余地が多分に生まれた。株価は、それらの発表に力強く反応したのだ。

　また、日本のネット・ネット株である三信電気に1章を割いている。同社は、一度保有し、売却していたが、ネット・ネットとなったときに改めて取得したのである。日本市場は現在、ネット・ネット株の肥

沃な猟場であり、われわれもこれまでのところ良好な成果を上げている。われわれが最初に取得したのは、スポーツグッズメーカーのヨネックスだ。投資成果はとても素晴らしいものであったが、残念ながらわれわれが売ったあとにさらに上昇した。

　人材派遣会社も常ながらお気に入りで、スプリング・グループ（初版で取り上げた）同様に、ハイドロジェン・グループにも1章割り当てている。ネット・ネット株として再度取得したのだが、同社は離陸準備が整っている兆候を示している。

　住宅建設メーカーに関しては、バラットに関する章で十分だと考えているので、新たな章は設けていない。しかし、初版の出版から数年がたち、この分野における数多くのディープバリュー投資が流行となった。メディアの影響については下心を持つ人が多く、また折に触れ、その影響があることは疑うべくもないが、メディアは投資家に機会をもたらすことに大いに役立つ。2016年の夏にイギリス国民がEU離脱の意志を示したあと、住宅建設メーカーでとてつもない投資機会が生まれた。われわれは、最も割安であったボビス・ホームズ・グループとテルフォード・ホームズを喜んで取得した。国民投票の結果を受けてこれらの銘柄がクラッシュしたことは、今もってミステリーである。住宅建設メーカーはわれわれの知るかぎり最も強気な市場環境にある。つまり、金利が低く、住宅ローンの利用度が高く、雇用が改善しているのだ。しかし、メディアの語り手たちはこのセクターをEU離脱の「明白な被害者」と見なしていたのだ（不動産セクターも同様で、われわれはそこでも買いを入れた）。

　数日のうちに、われわれはボビスとテレフォードをネット・ネットの水準で取得できた。これは、前回のリセッション時に初めてバラット・ディベロップメンツやMJグリーソンを買ったときと同じ水準である。今回、このセクターは厳しい経済環境にはなかった。これらの株価を押し下げたのは、メディアのコメンテーターたちによる即席の

分析だけである。ある意味では前回よりもはるかに良い。なぜなら懸念されるリスクファクターが大幅に少ないのだ。住宅需要は多く、住宅ローンも利用しやすく、失業率も下がっていた。われわれがネット・ネットとなる価格で取得した住宅建設メーカーは安定した市場で操業しており、収益性も高く、配当も支払い、また余剰資本を還元してもいた。両社の株価はその後、50％以上上昇したのである。あるとき、ボビスは買収のターゲットとなりそうであったが、幸運にも何事も起こらなかった。というのも、私は、経営陣が資産の生産性を向上させることで株価は上昇を続けると期待していたからだ。これら2つの銘柄が数年前のバラットとMJグリーソンと同じ距離の旅をするとは思わないが、私はその機会に感謝している。

　私は自分がMiFID IIの導入を待ち望んでいる数少ない者のひとりではないかと思う。これは、新たな金融の規制であり、2018年1月に本書が出版されるまでには発効していることであろう。これはバリュー投資家のチャンスを増大させるものと私は考えている。それにより証券会社は取引と調査に対する手数料をそれぞれ別個に課さなければならなくなるので、小型株の調査は彼らにとってますます非経済的なものとなるであろう。私はこれを惨事ではなく、歓迎すべき機会だととらえている。なぜなら、われわれの池で釣りをする者がさらに減るからだ。初版同様に、読者が投資で幸運に恵まれることを祈っている。

　　2017年11月　サセックスにおいて
　　　　　　　　　　　　　　　　　　　　　　イェルン・ボス

初版のまえがき

　本書はバリュー投資の特定の分野に焦点を当てているが、偶然にもそれは最も大きなリターンを生んできた分野である。ディープバリューは防衛的かつ高い潜在力のある戦略であり、ワーストケースシナリオでも資金を失う可能性が低く、運気が変われば無制限に上昇する可能性がある企業を選び出そうとするものである。これは洗練されていると同時にシンプルでもある。つまるところ、大衆とは距離を置き、貸借対照表（バランスシート）に語らせるのだ。
　ディープバリュー投資で成功を収めるためのこの手引書は、株式市場に通じ、投資プロセスを楽しみ、市場一般よりもかなり低いリスクで、より大きなリターンを生み出すことに興味のある人々に向けられたものである。
　本書ではイギリスで取引されている銘柄を多く取り上げているが、その原理はいかなる国でも等しく有効である。重要なことに、本書で明らかにされるディープバリュー投資の手法は一般に入手可能な情報にだけ依拠するものである。読者に求められるのは、他者が見向きもしなくても、長期的には優れたリターンを上げる可能性が50％以上ある投資機会を探そうとすることだけである。ディープバリュー投資とは、数多くの異なる投資機会に喜んで目を向け、そのなかで最も魅力的なものだけを選び出すことである。このプロセスにおいては忍耐力が重要となる。
　本書では、内容をできるかぎり実践的かつ十分に説明されたものにするために、投資に関する数多くのケーススタディを記している。サクセスストーリーのなかには、リターンが期待外れであったものもあれば、最近投資したばかりのものもある。しかし、そのような例からも、すべてが首尾よく行われた投資と同じくらい学ぶべきことがある

と確信している。

　各章において、個別企業の簡単なバックグラウンドと、私がいつ、どのようにしてそれらの企業を見いだしたかを記している。その後、公表された情報をどのように用いて投資を実行したかを正確に示していく。

　本書は、他者に容易にコピーされ、そして忘れ去られていく機械的な投資手法を伝えるものではない。むしろ、すべての思慮深い個人やプロの投資家が採用（そして適応）できる投資手法の全体像を説明することを目的としている。つまり、それが有効である論理と、その原理と技術とを現実世界の広範にわたる銘柄に適用する術を伝えるものである。

　すべての投資スタイルと同様に、ディープバリュー投資も多くの要素に依存しており、それぞれ個別の投資はあらゆる意味で独特のものとなる傾向にある。リチャード・オールドフィールドの素晴らしい投資本のタイトルを引くならば、すべての投資と同じように、それは必然的に「シンプルだが容易ではない」のだ。それでも、本書が、この大きな報いをもたらす投資手法がこれまで以上により身近なものとなる一助となることを望んでいる。

　2013年6月　ロンドンにおいて

イェルン・ボス

序章
ディープバリュー投資家たること
Being a Deep Value Investor

本書から得られること

　本書は、大きなリターンをもたらす高い潜在力を持った銘柄を見いだす方法を一歩ずつ示すことを目的としている。株式投資からより大きなリターンを手にする確率を劇的に高めたいと思っているならば、本書はその目的にかなうものであろう。

　本書で説明している方法論は、大きな潜在的可能性を持った銘柄を見いだす一助となろう。例えば、バラット・ディベロップメンツを取り上げてみよう。本書で説明している方法を用いてこの銘柄を見いだしたとき（2011年11月）、株価は90ペンスであった。初版をしたためていた2013年5月、株価は240ペンスであった。2年間で270％の上昇である。そして、第2版を記している2017年11月には、株価は657ペンスとなった（われわれは2016年に652ペンスで売却している）。

　本書では、レコード、アーマーグループ・インターナショナル、ハーバード・グループといった、同じように株価が大きく上昇した企業の例をたくさん紹介している。さらに、やがて株価が上昇する前にこの手の企業を見いだす方法を伝えるものでもある。

　本書を読めば、適切なタイミングでディープバリュー株を見いだし、株式市場への投資からより良い結果を得られるようになるはずである。

孤独な企業を見つける

　私が本書で紹介するディープバリューの手法を初めて開発し、実際に用いるようになったのは、ブラックマンデーの暴落があった1987年秋のことで、当時はロンドンのシティにあるパンミュア・ゴードン・アンド・カンパニーで株式のブローカーとして働いていた。

　この投資手法を利用し始めた当初は、素晴らしい打率を安定して残すことに成功し、H・ヤング・ホールディングス、アムストラッド、タイム・プロダクツといった企業で素晴らしい投資機会を見いだしたものである。その後、チャーチ・ハウスで自身のファンドを運用するまでにはまだしばらく時間がかかるのだが、一方で私の業績は向上し、全体の投資リターンを毀損させる本物のガラクタのたぐいを回避する術も学ぶことができた。

　私の投資手法は、多くの人々とは異なる方法で株式を分析するものである。つまり、大多数の株式投資家が無視している要件に焦点を当てているのだ。私が追い求めている銘柄は、投資家レーダーから外れ、もはやどのアナリストも支持しておらず、たいていは株価のグラフも長引く失望のストーリーを語っていることが多い。時価総額は減少し、まさに孤独な存在となっていた銘柄である。それを欲しがる者などいなかった。

　市場の95％が無視しているこの手の銘柄のなかから信頼に足る企業を見つけることができれば、私は株式のブローカーとしてユニークな営業ができたのである。これは重要なことで、すべての株式ブローカーと同様に、私は歩合で報酬を得ていたのである。

一流の投資家とチームを組む

　一方で、私はこの投資手法に興味を抱く可能性のある投資家の一群

を見いだそうとしていた。そして、カナダの「一流投資家」であるピーター・カンディルに出会う。

残念ながら2011年にこの世を去ったカンディルは、1970年代にカンディル・バリュー・ファンドを立ち上げ、以来、株価指数を大きく上回る投資リターンをもたらしてきた。彼はグローバルな市場に投資していたが、たいていの場合、その年の株式市場のリターンが最も悪かった市場に目を向けていた。なぜなら、そのような市場では「最大の掘り出し物が手に入る可能性」があったからである。

私がピーター・カンディルの名前に出会ったのは、多くの割安企業の株主名簿においてである。カンディルが潜在的な顧客となり得ると考えた私は、割安であり、同時に彼の名前が株主名簿にない企業を見つけなければならなかった。やがてそのような企業を見つけ、カナダのバンクーバーにあった彼のオフィスに出し抜けに電話をかけた。

大多数の人々は営業の電話を嫌うのだが、私は十分な準備をしており、その銘柄とそれが割安であることを示す幾つかの特徴を説明すれば、彼の興味を引くことができるとの自信があった。電話のあと、その企業の簡単なスプレッドシートを彼にファクスすると、直後に彼からその銘柄を買うよう注文依頼を受けたのである。幾つかの小型株でこのようなやり取りを続けたあと、1990年にアムストラッド・PLCを見いだすことになる。

スイートピック

当時、アムストラッドは貸借対照表（バランスシート）上の現金残高よりも低い価格で取引されており、運転資本については言うまでもなかった。実際に、アムストラッドの株式は理論上、全社を買い上げ、すべての事業を停止し、あらゆる債務を支払っても、当初株式を取得するために支払った価格を上回る現金が手元に残るような価格で取引

されていたのである。

　アムストラッドは1980年代に創業者のアラン・シュガー（後に卿の称号を得る）が上場させたものであった。かつて同社は株式市場の人気者であったが、私が1992年の夏に出合ったときには何度も利益予想を下回っており、堕天使のようになっていた。同社の見通しは不確実で、シティはアムストラッドとアラン・シュガーの魔法から覚めていたのだ。株価は異常なまでに低かった。当時、シュガーは同社の筆頭株主であった。

　私はピーター・カンディルに電話をかけ、アムストラッドについて語った。この会話から間もなく、カンディルは同社で大量保有に該当するだけのポジションを構築することを決断し、数カ月後、アラン・シュガーは1株30ペンス（50％のリターンに相当する）で同社を買い戻そうとした。シュガーの計画が棄却されると株価は回復し、1993年には146ペンス、1994年には220ペンスの高値を付けることになる。最終的に同社は2007年に買収された。

　シティとコネクションのあったカンディルは、自身のアムストラッド株の取引にメディアの興味を引きつけ、当時幾つかの新聞記事でそれを取り上げさせることに成功した。

　この方法はとてもうまくいき、私の勤務先で株式取得のほとんどを取り扱うことにつながった。それは、投資機会を見いだした私への報酬でもあった。しかし、このとき初めて、このような原理に基づいた自分自身の投資ファンドを運用したいと考えるようになった。

　それから私がCH・ディープ・バリュー・インベストメンツ・ファンドを運用するようになるまでは長い物語があるのだが、ここでは手短に記そう。幸運なことに、2003年に友人であるマーク・ヘンダーソンがチャーチ・ハウス・インベストメント・マネジメントのCIO（最高投資責任者）であるジェームズ・マホンを紹介してくれたのである。彼自身優れたバリュー投資家であったマホンは、バリュー投資に対す

る私の考え方を即座に理解してくれた。

　そして、彼は私にチャンスをくれた。ちなみに、よく言われるように、その後の話はだれもが知るところ、である。

第 1 部

ディープバリューの哲学
The Deep Value Pholosophy

第1章
ディープバリュー投資
Deep Value Investing

無視されてきた手法

　ディープバリュー投資には長い歴史があり、その投資成果も驚くべきものがあるのだが、いまだ株式投資家の大多数がその原理を無視し、ほかの手法に従っている。

　なぜだろうか。

　ディープバリュー投資とは、簡潔に言えば、実際の価値よりも大幅に割安な価格で資産を取得することである。これには多大な忍耐力が求められる。適切な企業を見つけるには時間がかかるし、また企業が優れた結果を残すにも時間がかかる。

　それゆえ、ディープバリュー投資では、投資環境に関係なく買うことにはならない。また、「忙しい」投資家にも縁はない。株式市場と密接な関係にある投資顧問業界が存在するが、それらの企業や個人の主たる目的は、顧客に投資にまつわるアドバイスを行うことである。残念なことに、この業界では、収入の多くが取引ベースで生み出されるようになっている。これによって、ポジションの回転率は本来正当化される水準よりも必然的に高いものとなる。そして、本来のバリュー投資手法のそれよりも高いものとなるのは確実である。

　投資家たちが専門家の直近の意見や市場の声など世論を幅広く利用

できる一方で、企業は頻繁に投資家に最新情報を提供することを奨励、さらには要求される。必ずしもそれを自覚していなくとも、投資家は常に近視眼的になる。短期的な失望を理由に突発的に売却し、ほかのより良い投資対象を探したりする。

この手の投資行動は、現在や近い将来の利益見通しに対する市場の強迫観念と密接に関連している。それらの利益に対する関心が生み出す意見から逃げることはできない。それは広く認識され、必然的に株価に影響を与えることになる。株式は、「完璧な株価（Priced to perfection）」の水準に達するまで買い上がられる。つまり、利益がわずかばかり期待外れとなっただけで、株価は下落することになる。

同時に、同じセクターのほかの銘柄をアンダーパフォームしており、それゆえに比較的割安となっていることで買われる銘柄もある。しかし、ここで認識されている価値は、実際の資産の価値に基づいたものではない。

この手の市場の雑音が事実を押し流してしまう。しかし、それはディープバリュー投資家のチャンスでもある。つまり、ほかのすべての者たちが見逃している隠れた宝石を見つけることができる。実際に、ほかの者たちがそれらを慌てて放りだしたときに見いだすことができるのだ。

割安株――真のディープバリュー

バリュー投資にはさまざまな種類があり、すべてが同じとは限らない。ディープバリュー投資からより大きな報いを得ようとすることは、偽りのバリュー株に満足することではない。

結局のところ、定量的には割安でも、投資としてはお粗末な株式を見いだすことは十分にあり得ることなのだ。株価とNAV（純資産価値）とを比較することは重要な第一歩であるが、それで必要な情報のすべ

てが得られるわけではない。企業の純資産はその時価総額を悠々と上回っているかもしれないが、それらの資産の本質がことを複雑にすることもある。ニューヨークを拠点にバリュー投資を行う有名企業であり、ウォルター・シュロスが働き、ベンジャミン・グレアムのブローカーでもあったトゥーイディー・ブラウンは、大いに推奨すべき研究「ホワット・ハズ・ワークド・フォ・アス・イン・インベスティング（What has worked for us in investing）」（https://www.tweedy.com/resources/library_docs/papers/WhatHasWorkedFundOct14Web.pdf）でそのことを示している。

　NAVに対して割安となっているだけの銘柄の多くは、割安なのは事実であるが、往々にしてありきたりなものにすぎない傾向にある。それらは何年にもわたり収益性が低下し、市場が縮小し、再生しても安定する望みがほとんどないものである。そのような銘柄の貸借対照表（バランスシート）は、運転資本が乏しい一方で固定資産が多く、多くの価値が時代遅れの工場や建物に封じ込められてしまっている。会計資料の注釈で、売却可能な余剰不動産が存在する、と記されていることも多い。

　それらの銘柄は定量的には割安だ。しかし、重要なことに、NAVと株価との差がどのように埋められるのかを把握することは難しい。そのような場合、損失が積み上がるにつれ、最終的にNAVが株価に近づき、安全域がゆっくりと、確実に霧散してしまうことが多い。

　これがとりわけ魅力的なバリュー投資ではないことは明白である。このようなNAVに対して割安な銘柄への投資で問題となるのは、一見割安な銘柄に投資しても、実際にはまったく割安ではないということだ。その名が示すとおり、固定資産は本質的に流動的ではなく、それゆえ現金などに転換させにくい。例えば、余剰不動産は売却することができるが、それには長いプロセスが必要で、売却を完了するまでに何年もの時間がかかり、途中で多くの予期しない障害が発生し、プロ

セス全体を台無しにしかねない。多くの価値がそこにあるのは確かであるが、では、それがどのように投資家に報いをもたらすのだろうか。

そして、それこそが「固定資産が多い」銘柄の多くが、概してまったく優れた投資対象ではないことの理由である。興味深いことに、トゥーイディー・ブラウンは、潜在力のある投資を見いだすことのできるより信頼性の高い指標は、運転資本に対して株価が割安になっていることであることを発見した。

ベンジャミン・グレアムと割安株

資産はそれでよいこととするが、われわれが本当に興味があるのは流動資産である。投資界のレジェンドであるベンジャミン・グレアムについて考えることで、われわれはディープバリュー投資の全体像に近づくことができる。

株式市場が暴落し、株式投資がまさに暗黒の時代を経験した1987年、今こそベンジャミン・グレアムの『**賢明なる投資家**』（パンローリング）を読み直す理想のタイミングだと私に語った者がいた。実のところ、私はまだ一度も読んだことがなかったので、買い忘れないようメモを書き留めた。ひとたび読み始めると、そこには私が求めていた投資の枠組みの全体像が記されていることを知った。

私自身、バリュー株を研究していたので、貸借対照表を読むことはできた。しかし、この本のおかげで新たな世界が広がったのである。あっという間に読み終えた私は、その後も何度となく読み返したものである。この本は、市場が困難な時期にあり、株式が期待どおりに反応しないときにとりわけ有効であることに気づいた。つまり、すべてが売られ、良きにつけ悪しきにつけ、株式投資それ自体の将来が疑問視されているとき、である。

バリュー投資家が最も積極的になるべきは、まさにそのようなとき

である。しかし、それは株式の買い手にとってはひどく孤独な地ともなる。『賢明なる投資家』はそのようなときにこそ求められる健全さと支えとをもたらすものである。その説得力は色あせないのである。

　ベンジャミン・グレアムの古典を通じて、私は貸借対照表に何を求め、またさまざまな資産が潜在的な投資対象の魅力にどのような影響を与えるのかを学ぶことができた。グレアムのルールに従えば、最も魅力的な企業とはいわゆる「ネット・ネット」または「割安株」である。

　それらバリュー株の魅力は、流動資産が突出していることにある。第一に、それら企業の固定資産は完全に無視し得る。健全な流動資産を持つ銘柄を優先させることで、その価値が容易に開放され得る銘柄を見いだすことになる。流動資産は本質的に流動性がより高く、それゆえいかなる固定資産よりも即座に売却することができる。

　流動資産（つまり、在庫や売掛金や現金など）から負債総額を差し引いた価額がその時点での株式市場での時価を上回っている銘柄を見つけることができれば、われわれは、ネット・ネットの運転資本に対して割安となっている株式を手にすることになるわけだ。

　少し異なる見方をすれば、流動資産から流動負債だけでなく、固定負債を差し引いた価額が、その時点での時価総額よりも大きいということである。そのような場合、われわれは定量的に見ても真に割安な銘柄を扱っていることになる。たとえ株価が大幅に上昇したときに売却することができないとしても、掘り出し物を手にしていることにかわりはない。その資産は、支払った価格よりも大きな価値を持っている。

　蛇足ながら、ここでは固定資産は考慮に入れていない。固定資産は事実上ただで手にすることができると言える。

　さて、そのような銘柄は割安株と呼ばれている。この手の銘柄は一貫して最も大きなリターンをもたらすものであるので、本書ではそれ

に焦点を当てていくつもりである。割安株の数はけっして多くはない。またとらえにくいものでもある。ベンジャミン・グレアムが見事に表現しているとおり、それらは「ミスターマーケットが鬱に陥った」ときに姿を現す傾向にある。つまり、株式がその価値に関係なく売られているとき、である。

しかし、割安株は常にそこにある。つまり、どこを探せば見つかるのかを学びさえすればよい。

第2章
ディープバリュー投資はどのように機能するのか

How Deep Value Investing Works

第1章において、ディープバリュー投資の哲学の背景説明を行った。本章では、それがどのように機能するか、またどのように実践に用いることができるかを詳細につづってみたいと思う。ほとんどの人々の投資手法とは異なるものであるので、それがどのようなものかを正確に理解することが重要である。

事実

第一に、ディープバリュー投資は、将来を見通した発表よりも、企業で実際に起こったことにより強い関心を持つ。これは、後者は信頼に足る過去のデータに基づくものである一方、前者はいまだ不確実なものにすぎないからである。ディープバリュー投資は事実をありのまま取り扱おうとする。そして、あらゆる意見はそのような事実に基づいたものであることを好むのだ。

つまるところ、われわれが確かなものにしようとしているのは次のとおりである。

- 買おうとしている資産はいかなるものなのか
- それらは将来のある時点において魅力的なリターンを生み出すのか

その後、資産を割安な価格で取得することに注力する。結果は、一般的には自然についてくる。バリュー投資にはさまざまな形のエグジットがある。この投資手法の魅力のひとつは、それらの資産が本当に割安であれば、ほかのだれかの所有権としてもより生産的なものとなることは明らかだという事実にある。それゆえ、ディープバリュー銘柄が（後の幾つかの章で見るとおり）買収の対象となることも珍しくない。

　もちろん、買収の対象となるのも痛し痒しである場合が多い。確かに即座に投資リターンを上げることはできるが、もしその企業が単独で活動を続け、最終的に回復することを待っていたならば、より大きなリターンを手にすることになったのではなかろうかと思うことがしばしばある。とは言え、買収の対象となることがある種の安全弁をもたらすことも事実だ。そのような銘柄を見いだせれば結構なことではあるが、究極的には市場が株価に魔法をかけることに頼らざるを得ないわけで、さもなければ、だれも欲しがらない極めて安価な銘柄を集めることに終始してしまうことになる。

利益ではなく資産である

　ディープバリュー投資が利益ではなく資産に焦点を当てていることは間違いない。この点に関しては、ディープバリュー投資は大多数の投資スタイルとは著しく異なるものである。では、その背景にはどのような考えがあるのだろうか。

　本書であとで取り上げる企業のさまざまな貸借対照表（バランスシート）にざっと目を通せば、かなりはっきりした特徴に気づくであろう。実際のところ、それはほとんどすべての企業に当てはまることである。企業の株価は極めてボラティリティが高い傾向にあるが、そのNAV（純資産価値）はかなり安定している。

主導権を握るのは利益であるので、株価は一定の割合でNAVの周辺を行ったり来たりする。企業は人気を集めることもあれば、不人気になることもある。利益は上向きのサプライズを示すこともあれば、期待外れに終わることもある。そして、株価はそれらに短期的な反応を示し、やがては再び長期的なトレンドへと収束していく。

　資産を買うことは、期待利益の将来の水準を予測しようとすることよりも安定した行為であるように思われる。つまるところ、利益を予想しようとするのはかなり複雑な行為である。極めて多くの要素が継続的に作用し、容易に変調を来してしまう。期待値が高いと、ちょっとした失望でも大混乱を引き起こしかねない。

　言い換えれば、利益に焦点を当てるならば、われわれはその企業をより深く理解する必要がある。幸運にも、ディープバリュー投資家は、資産に目を向けるにあたり、そのようなことは求められない。

シクリカルなサービス業の株式

　では、ディープバリュー投資家はどのような種類の銘柄に興味を抱くのだろうか。どのような資産が問題となるのだろうか。第1章において、固定資産が多いことに伴う問題に簡単に触れた。ご承知のとおり、私は固定資産が少なく、流動資産が多いバリュー株を好む。そして、サービス業を営む企業にそのような傾向がある。例を挙げれば、人材派遣会社、金融サービス業、コンサルタント、住宅建設メーカー（常とは限らない）などである。

　このような企業の株価は極めてシクリカル（そして、もちろん利益に左右される）である傾向にあるが、必然的にある時点において安価に取得するチャンスが生まれる。興味深いことに、シクリカルな銘柄は利益ベースで見ると、つまりPER（株価収益率）の水準で測ると、利益が急減するとPERの水準が極めて高くなるので、サイクルの頂点

で最も安く、またサイクルの底で最も高価に見えるのが常である。ディープバリュー投資家から見て、この現象の利点は、大多数の投資家にとっては最も魅力のないときこそが、われわれにとってはまさに買い時となることにある。

利益にこだわる投資家のすべてがサービス業の株式を売っているときに、資産に目を向ける投資家は数多くの魅力的な割安株に出合うことが多いのである。短期的な見通しはひどいものかもしれないが、そのようなサービス業は本質的にそのビジネスモデルがかなり融通の利くものである傾向にある。彼らは、多数の従業員や工場、サプライチェーンを抱え、柔軟性がかなり乏しい製造業とは違って、本当に困難な状況に陥る前に事業規模を縮小させることができる。

このようなサービス業の企業は、たった1人で、アドレス帳さえあれば生き残ることができると言ってもよいくらいで、事業が上向くのを待ち、また経済が再び成長を始めれば拡大することができる。これらの企業は、焦点を絞った事業を行っている傾向にある。収益の増大は即座に利益へと反映され、1株当たりの利益を急激に増大させる。結果として、株価は事業の改善に即座に反応することになるであろう。

実際に、利益の回復が明白なものとなる以前に、株価が大きく上昇することもある。つまり、市場は企業がもはや倒産する可能性がないと安心することが多い。そして再び安定して利益を出すようになれば、それらの銘柄は長い旅路を進むことになる。

銘柄比較に関する注記

ディープバリュー投資でしばし重宝する投資技術がクロスセクションでの比較分析であり、候補となる企業の詳細を分析し始めたら、同じセクターのほかの企業にも目を向けることである。1

つのセクターのある企業を理解できるようになれば、他社の検証はかなり容易であることに気づくであろう。そして、それは大いに報われるものともなる。

第一に、ほかの銘柄がそのNAVやネット・ネットとなっている運転資本の水準に比べてどの程度の株価となっているかを見るのは興味深いことである。そのなかに、別の投資アイデアが隠れていることに気づくかもしれない。また、同じセクターの企業が貸借対照表のさまざまな科目をどのように扱っているかを知ることができるので、これはとても有効な調査でもある。これはバリュエーションに大きな影響を与えるもので、1つの企業がほかの企業群とはまったく異なる方法で貸借対照表上の科目を扱っているとしたら、それは注意深く分析を行う理由ともなる。たいていの場合、それは回避すべき銘柄を意味することになる。

このようにしてさまざまな企業に目を向けることで、どの経営陣がより保守的で、不況期に企業が最善の対応をすべく準備をしているかをすぐに理解できるようになる。

複数年にわたる貸借対照表でこのような分析をすべて行うことで、数字がストーリーを語り始める。そのストーリーに一貫性があれば、または欠けていれば、個別の数字を見るよりも多くのことが理解できる。例えば、あるセクターまたは企業の利益のボラティリティが高いとしたら、その企業の真の価値に取り掛かるほうがはるかに容易であろう。貸借対照表のバリュエーションから始め、後に損益計算書に目を向ければよい。

これが、投資家が候補となる投資対象に取り組む一般的な方法ではないことは理解している。利益と期待利益から取り掛かるのが典型的な方法であるが、それらは合法的とは言え、容易に操作され、また多くの要因に左右されてしまう（それゆえボラティリティが生まれる）。特定の企業の将来の利益予想に関するバラ色の

> 見通しにわれを忘れ、どのような競争が起ころうが、新たなテクノロジーが生まれようが関係なく、この成長期待に対する価格を支払うことを喜んで受け入れるのは容易なことである。
> しかし、それは投資家の利益にとっては得策ではない。

乗り続ける

　実際に株価が上昇を始めると、私は多くのバリュー投資家とは異なる対応をする。利益の改善を根拠に株価が上昇を始めると、実のところ私はバリュー投資家であることをやめる。そのかわりに、市場の期待が今後どのようになるかに強い興味を抱くようになる。どういうことだろうか。

　つまり、私は利益に左右されている市場に売りで向かい、利益が最大となる時点で売却しようとする。

　もちろん、私がバリュー投資家の目的を達成し、「ネット・ネット」、またはそれに近い銘柄、つまり、流動資産が時価総額よりも大きい企業の株を買っていれば、安全域を手にしていることになる。これが、直近の見通しが極めて不明確な市場の危機においてディープバリュー投資が重要となる理由である。それは見事なまでに防衛的であり、かつ攻撃的なのだ。だが、これは利益を最大化することと同じではない。

　ほかのバリュー投資家が主張するように、そのような銘柄の株価がそのNAVに到達したら売却するとしたら、私の利益は10％程度でしかない。しかし、再び安定的に利益が出るようになるのを待つことで、私の利益は容易に100％にも200％にもなる。それは少しも珍しいことではない。

　そもそも優れたディープバリュー株を見つけるのは容易ではなく、単に市場が興味を持ち始めたからといって手放す気にはなれない。

次章以降において

　私流のディープバリュー投資の背景には、利益の妄想にあらがい、回転の速いサービスに特化したビジネスモデルを持った、流動性の高い資産が豊富な企業を選びだすという考えがある。そして、だれも欲しがらないときにそのような企業を買い、だれもが欲しがるときに売るのである。

　また、特段注目に値しないような銘柄は、極端なバリュエーションで取得することで、目を見張るほどのものとなる。本書では、私がこのような方法で実際に行った数多くの投資の詳細を明らかにすることで、そのような企業を追い求める、または追い求めない方法を詳細に説明していくつもりである。

　1つの個別銘柄に1つの章を充てている。それぞれの投資に至るケーススタディと、われわれがポジションを構築したあとにそれらの銘柄がどのような値動きを示したかを説明していく。前述のとおり、成功例ばかりを記すのではない。それでは、投資はシンプルなものではないということをだれより知悉しなければならない、意欲的なディープバリュー投資家に対して不正直であり、無益ですらあろう。それゆえ、幾つかの章ではいわゆるバリュートラップを取り上げている。これは一見優れたバリュー投資に見えても、後にまったく魅力的ではなかったことが判明する銘柄である。最後の数章では、私が現在保有し、やがては株式市場の次なるスターになることを期待している低位株を取り上げる。

第2部

ディープバリューの成功例
Deep Value Successes

第3章
スプリング・グループ
Spring Group

> 買い　22ペンス（2008年12月）
> 売り　62ペンス（2009年10月）

　人材派遣会社は往々にして理想的なディープバリュー投資の対象となる。これらの企業は常に健全な貸借対照表（バランスシート）を持ち、ギアリングの高い経営が行われている。つまり、売り上げや稼働率の増大が収益性に反映されやすい。一方で、景気が後退すると、これらの株価は極めて脆弱な傾向にあり、あっという間に下落してしまう。

　2008年のスプリング・グループがまさにこの例である。

企業のバックグラウンド

　2007年に初めてスプリング・グループに出合ったとき、同社はとりわけ好調で、金融サービスセクター、特に銀行に対してIT関連のスタッフを送り込んでいた。それまでの数年間に収益性は変動していたが、買収を通じてある程度は成長していた。そのなかでも大きかったのは2007年のグローテルの買収である。

　2004年には164ペンスもの高値を付けたが、2008年にリセッションに突入すると、黒字であったにもかかわらず、株価は下落してしまった。同社はある種の寄せ集めと見られており、何件かの買収もいまだ落ち着いておらず、直近の企業活動は収益性の向上に結びついていなかっ

た。

投資に至るケーススタディ

　同社は、2008年2月28日に、2007年12月31日を末とする年間の決算速報を発表した。そこでは、グローテルを買収したこともあって、収益が大きく増大していた。手数料収入の純額は22％増大し、利益率も堅調であった。1株当たり利益も22％増の3.76ペンスとなった。

　貸借対照表には1億2341万5000ポンドの流動資産が計上され、主に売掛金と現金で構成されていた。総負債は7524万5000ポンドであったので、ネット・ネットの運転資本は4817万ポンドという計算になる。発行済み株式総数が1億5907万9935株であるから、1株当たりのネット・ネットの運転資本は30.3ペンスとなる。

　2008年初頭、スプリング・グループの株価はいまだこの水準を上回っていた。しかし、第1部で説明したとおり、サービスセクターは常に私の注意を引きつける。株価のボラティリティは高くとも、企業の貸借対照表はかなり安定したものである傾向にある。そのうえ、これらの企業は危機にあって容易に縮小し、またその後に即座に拡張できるのである。

　スプリング・グループの株式も確かにボラティリティが高かった。2006年12月31日時点でのスプリング・グループのネット・ネットは34ペンスであったが、2007年の年間株価は上値が88ペンス、下値が44ペンスとなった。それゆえ、私はボラティリティが株価を押し下げるのを待っている間、同社の資産の質についてさらに知る必要があった。

　幸運なことに、これらのサービス業は貸借対照表が簡潔で分析が極めて容易であり、同社もけっして難しくはなかった。例えば、スプリング・グループの場合、ネット・ネットは30ペンス程度である。これに固定資産を加えると、1株当たりのNAV（純資産価値）は52ペンス

(すなわち、全体で3489万4000ポンド）程度となる。

　これがすべてではないことがすぐに判明した。これら固定資産の内容に目を向けると、有形固定資産がたった257万9000ポンドであり、営業権と無形資産（同社は過去に数件の買収を行っていることを想起されたい）が2630万6000ポンドで、繰り延べ税金資産が600万9000ポンドあった。言い換えれば、営業権と無形資産が固定資産の75％を占めていたのである。

　営業権と無形資産は最も信頼の置けない資産であるので、私は計算にあたっては無視することにしている。それらの資産は、企業がより困難な事業環境に直面すると雲散霧消してしまう傾向にある。つまり、市場シェアを失うと営業権の評価を引き下げざるを得なくなるわけだ。それゆえ、バリュー投資家はそれらを忘れてしまい、より耐久性のある資産を頼りにしたほうがよいのである。営業権は確かに意味あるものであるが、それはより安定して利益成長を達成するような企業にあってのことであり、バリュー投資家の投資対象となるような企業には当てはまらない。

　つまるところ、スプリング・グループのNAVは52ペンスのように見えても、詳しく調査すると、実際には35ペンスにすぎないようだ、ということだ。だが望みがないわけではなく、心に留めておくべきことがある。安心なことに、固定資産全体で5ペンスの価値があったのだ。

　スプリング・グループの主たる資産は売掛金と現預金のようである。これらは素晴らしく流動性が高い。しかし、次の段階として、それらが実際にどの程度の価値があるかをダブルチェックしなければならない。

　売掛金を評価する際には、企業の顧客に目を向けることがとても重要である。顧客はだれなのか。支払いを怠ったり、焦げついたことはあるだろうか。その企業の顧客が苦境に陥っているとしたら、おそらくは売掛金の全額を回収できないかもしれないと考えるのが合理的で

ある。そして、売掛金の数字は大幅に割り引かれるべきである。しかし、スプリング・グループの場合、同社の顧客の大半は、財政状態の優れた大企業であった。つまり、この資産の評価額は計上された金額にかなり近いものである、ということだ。

また、企業の最大の顧客がどのような状況にあるか、全体の売り上げのどの程度を占めているかに目を向け、顧客の集中度を確認することが重要である。もし顧客の上位4社が売り上げの75％以上を占めているとしたら、その企業はリセッションに突入すると難しい立場に立つことになる。だが、ここでも幸運なことに、スプリング・グループには当てはまらなかった。

いまや、スプリング・グループ株にいくら支払うべきかが判明し、事業としての同社の健全性も確認した。あとは、株価が1株当たり30ペンスというネット・ネットの運転資本の水準を割り込み、本物のディープバリュー投資となるのを待つばかりである。

結果

NAVよりも低い価格で企業を買えるようになるのを待つ、さらには、ネット・ネットの運転資本よりも安く買うことによって、われわれは必ず生じる失望のほとんどが公表されたあとでパーティーに参加することになる。もちろん、それでも投資額の100％を失う可能性は残っているが、この投資スタイルの利点は、支払った価格、および手にする価値ともに有利な立場に立てるということだ。私は、それ以上失望するような事態は出来しないと言っているのではない。だが、たいていの場合、その企業の本当の価値に近づくことになる。

そして、スプリング・グループの場合がそうであった。われわれは同社の株式にいくら支払うべきかを理解していた。そして、われわれが求める価格で同社の株式を買うことができるチャンスが訪れるのを

待たなければならなかった。

　幸運なことに、そのチャンスは遠からずやってきた。市場が急落するなか、同社の株式は大きな圧力にさらされ、われわれは2008年後半に22ペンスで取得することができた。この瞬間を忍耐強く待っていたにもかかわらず、望むだけの数量の株式を手にすることができなかったのが残念ではあった。

　2008年8月11日、同社はアデコ・UK（アデコの100％子会社）から現金による買収提案を受けた。提案された条件によれば、株主はスプリング・グループ株1株に対して62ペンスの現金を受け取ることになる。つまり、われわれは182％の投資リターンを手にすることになった。

第4章
モス・ブロス
Moss Bros

> 買い　27ペンス（2011年2月）
> 売り　70ペンス（2013年3月）

　モス・ブロスは典型的なネット・ネット株ではないが、世紀の取引の1つをやり遂げたあとの同社は極めて安価に見えた。最終的に、同社をディープバリュー投資とするに十分であった。

企業のバックグラウンド

　モス・ブロスはイギリスのスーツ専門業者で、オンラインとイギリスならびにアイルランドにおける155の店舗を通じて、紳士服の販売とレンタルを行っている。100年以上の歴史を持つ同社がロンドン証券取引所に上場したのは1947年である。2008～2009年のリセッションが始まると、同社の株価はゆっくりと下落し、事業も2009年と2010年には赤字となった。不況期にフォーマルな紳士服を販売するなど有望であるはずもなかったかもしれない。

　しかし、2011年2月7日、モス・ブロスは最新の業績と、事業の売却案を発表した。同僚のジェームズ・マホンが教えてくれたのだが、私はこの発表が行われた翌日にそれが書かれたフィナンシャル・タイムズの一面の下段の記事を読んだ。

　発表の記事を読んだ私は、改めてモス・ブロスが行った実際の発表の内容を振り返ってみた。同社が発表したことは次のとおりである。

「イギリスナンバー１のブランドスーツ専門業者であるモス・ブロスは、本日、ヒューゴ・ボスのフランチャイズである15店舗を、ヒューゴ・ボス・UK・リミテッド（買い主）に1650万ポンドの現金をもって売却する意向であることを発表します」

全体の文書はさらに５ページほど続くのだが、これでも十分に興味をそそるものであった。

投資に至るケーススタディ

モス・ブロスとヒューゴ・ボスとのフランチャイズ契約はその時点でさらに４年間残っていた。いずれにせよ、再交渉が必要で、さもなければ契約が自然消滅するに従って、その価値もゼロまで徐々に低下してしまったであろう。15のフランチャイズ店舗（黒字であったとしても）に対して、これほど大きなプレミアムを手にすることは、控えめに言っても大変に興味深い。急いで取り戻そうとした者がいたということだ。

その時点で、モス・ブロスの時価総額は2550万ポンドであり、店舗数は155軒であった。そこから15店舗の喪失と、1650万ポンドの新たな現金とを差し引くとすると、現在の株価では2500万ポンドのモス・ブロス・グループは事実上900万ポンド程度で取得することができ、さらには140店舗が残ることになると考えた。

同社は2010年に赤字を発表しているが、２月７日に発表された同じ文書のなかでは次のようにも述べていた。

「この取引は、自社ブランドの成長に焦点を当てんとするモス・ブロスの新たな戦略と軌を一にするものであります」

「この売却によって、モス・ブロスはこの戦略を大きく加速させ、売却資金をモスブランドの店舗の再構築とサービスへの投資に充当するとともに、モス・ビスポークなどの新たな取り組みを本格的に展開し、

レンタル事業の価値をてこ入れすべくカスタマーリレーションシップの管理システムを開発する意向であります」

さらに続く。

「重要なクリスマスの時期も好調な営業を続け、総売り上げならびに利益率も引き続き現在の前向きなトレンドを継続しております。既存店舗の売り上げは2011年1月29日までの26週間で7％増大し、2011年1月29日までの52週間では9.1％の増大となりました。総利益率も順調であります。取締役会は通年の業績に引き続き自信を持っております」

これは素晴らしい声明だと思った。興味深いことに、2月7日と8日には同社株式の取引は行われなかった。われわれはその後すぐさま27ペンスで取得した。

われわれが支払った価格は、同社のNAV（純資産価値）と等しい。だが、ネット・ネットは6.55ペンスにすぎなかった。しかし、ヒューゴ・ボスのフランチャイズ――極めて流動性の高い資産で、取引完了時に420万ポンド、残りは年末までに分割で支払われる――の売却資金を含めると、概算でもNAVは45ペンスほどとなる。

ネット・ネットのバリュー株ではないが、多額の流動性ある資産を持ち、新たな戦略により再生する可能性を秘めた（そして、第三者が15店舗に付けた価値からも分かるとおり）ディープバリュー投資と分類することができる銘柄であった。

結果

そのころ、イギリスで2番目に大きいフォーマルウエアのレンタルを行う企業が廃業したが、これはモス・ブロスにとって間違いなく良いニュースである。これによって、同社は極めて価格競争の厳しい市場において、レンタル価格を即座に引き上げることができたのである。

実際に、モス・ブロスはイギリスのフォーマルウエアのレンタル事

業を独占したが、これは同社にとってもとても魅力的な事業であり、拡大あるのみであった。参入障壁も極めて高いのである。これは、ある一定の収益が予測できるということでもある。例えば、ほとんどの結婚式は夏場に行われる。それから、ロイヤル・アスコット、グランドナショナル、ダービーといった競馬シーズンがある。夏学期の終わりには音楽コンサートやパーティーが増えることは言うまでもない。

経営陣は、標準的な衣服に比べて高い価格を付けることができるデザイナーブランドにも取り組み始めた。一見するとかなり成熟してしまった事業のように思われるかもしれないが、覚醒の機会は多分に残されていた。

ヒューゴ・ボスの取引によって大きなキャッシュを手にした同社は、地主との交渉でも有利な地位を手にし、ほかの小売業者が直面しているような懸念も和らげることができた。

店舗は改装が進められ、より良いロケーションに移っただけでなく、グループのイメージを変える一助ともなった。新たなサービスとして仕立服も導入されたが、これも企業のイメージを大いに高めることになった。

ヒューゴ・ボスのフランチャイズの売却は同社にとっては絶好のタイミングで行われたようである。

このような前向きな展開に対して株価は即座には反応しなかった。それには時間がかかるのだが、いずれは反応する。

2011年3月30日、同社は2011年1月29日を末とする52週間の決算速報を発表した。税引き前ではいまだ赤字であったが、既存店舗の小売り売り上げは8.9％増大し、レンタルの売上高も10.9％増大していた。

ブライアン・ブリックCEO（最高経営責任者）は次のように述べている。

「われわれは、年初に設定したすべての優先目標につき順調な前進を成し遂げました。昨年は厳しい経済環境にありましたが、これにより

大きく、前向きな効果が得られています。われわれは引き続き、明確な戦略上の目標を設定し、効率的な経営陣のもと、優れた業績を示し続けていきます。現在の業績は、強固な貸借対照表（バランスシート）のもと、既存店舗での大きな成長と経営上の優先目標を反映したものであり、私はこの事業の潜在性をフルに実現できるものと確信しております」

種はまかれ、より良い成果が期待できそうであった。

それは、2011年9月27日に公表された半期の財務諸表に表れていた。この期間、同社は黒字に転換し、現金残高は1500万ポンドとなった。既存店舗の売り上げも増大を続けている。経営陣は、通年の業績は自分たちの当初予想を上回るものになるであろうと語った。

これらは企業にとっても前向きな発言で、株価はそれを反映し始めることになる。それ以降、前向きな声明が繰り返し発表され、株価は上昇を続けた。最終的にわれわれは2013年3月に70ペンスでポジションを解消した。

同社は間違いなく正しい方向に進み、黒字に転換したが、株価上昇の多くが明るい将来に対する期待に基づいたものであることは明らかであった。PER（株価収益率）で見ると極めて割高となっており、株価はNAVを大きく上回っていた。言い換えれば、株価はすでに「完璧な株価（Priced to perfection）」の水準にあり、ちょっとしたつまずきにも脆弱な状態になっていた。完璧な売り時である。

モス・ブロスはバリュー株としては珍しい存在である。同社は当初バリュー株とは見られていなかった。見るからに魅力の薄い市場で、勝者になるとも思えなかった。これはまさに先入観をもって新たな投資機会をとらえてしまう危うさを描きだしている。数字を見て、それらに語らせたほうがよいのである。時価総額が2500万ポンドの企業が1つの部門を1650万ポンドの現金で売却したのだから、言わずもがな、なのである。驚くべきは、後々まで、このことに耳を傾ける者があまり

第2部 ディープバリューの成功例

に少なかったことである。

第 5 章
アーマーグループ・インターナショナル
ArmorGroup International

> 買い　27ペンス（2007年11月）
> 売り　80ペンス（2008年3月）

　私は、面白そうだが、バリュー投資としては価格が高すぎると思われる企業のリストを持っている。このような投資候補リストの利点は、自分が買いたい銘柄、支払ってもよいと考えている価格を知ることができることにある。投資家のジム・スレイターがしばしば口にするように、「準備とチャンスが出合えば、良いことが起こる」のだ。

　アーマーグループ・インターナショナルは、その株価が真のディープバリューの領域まで下落する出来事が起こるまで、このリストに掲載されていた。

企業のバックグラウンド

　2007年に初めてアーマーグループ・インターナショナルに出合ったとき、同社はロンドン証券取引所に上場している、かなりユニークなサービスを提供する企業であった。このイギリスの会社は25年ほどの歴史を持ち、政府や多国籍企業、厳しい環境で活動している国際的な治安当局に対して、防衛および警備サービスを提供する大手企業と認識されていた。同社は顧客に対し、訓練、コンサルティング、警備、地雷除去などのサービスを提供していた。高度な訓練を受け、経験を積んだ9500人の社員を抱え、38カ国で活動していた。過去2年間で、中

東、アフリカ、南アフリカ、CIS（独立国家共同体）、中央アジアにおける100カ国以上で顧客の支援を行ってきた。

サービスセクターにおいては巨大な総合企業は数多くあるが、アーマーグループのような企業は存在しない。ほかの企業は安全な環境で、経営管理や人材派遣などのサービスを提供するものなのだ。世界に目を向ければ、似たような企業は幾つか存在するが、それらはたいていアメリカを拠点としたものである。これによって、バリュエーションを目的に、このセクターのほかの企業と比較することがさらに難しくなる。

当初この企業に関心を持った理由は、そのビジネスモデルにあった。通常4～5年に及ぶ長期契約に基づき、価格設定も安定しており、堅調な成長を遂げる世界的な市場で活動している。

しかし、同社の事業の特徴は魅力的であるが、紛争に取り組む企業が市場において高い評判を得ることはけっしてない。そして、もうひとつ問題があった。同社はロンドンに本部を構えていたが、主たる事務所はアメリカにあった。これらが組み合わさって、同社が広く注目されることはなかったのである。

2005年に新規株式公開した同社の株式市場におけるパフォーマンスは優れたものではなかった。長期にわたりバリュー投資としては株価が高すぎたからである。株価は2005年に273ペンスの高値を付けたが、その後、一貫して下落し、2007年11月に業績の下方修正とCEO（最高経営責任者）であるデビッド・シートンの辞任が発表されると26ペンスまで下落した。

私が同社への関心を高めたのはまさにこのときである。

投資に至るケーススタディ

業績の下方修正において、アーマーグループは、イラクでの契約の

第5章　アーマーグループ・インターナショナル

多くが9月16日にバグダッドで発生した「ブラックウォーター事件から著しい影響を受けた」と述べた。これは17人のイラク市民がブラックウォーターの傭兵によって射殺され、さらに20人がケガをした事件である。また、アーマーグループは、重要な契約が顧客が予定していたほど迅速または十分には「煮詰まっていない」と述べた。

さらに同社は、アフガニスタンにおけるアメリカ大使館との契約で、「運営ならびに労務管理上の厄介な問題」に引き続き直面していることを認めた。

ここで述べたバグダッドにおける事件とは、アーマーグループの競合で、アメリカを拠点に活動するブラックウォーターによるものである。このおぞましい事件後、イラクにおけるブラックウォーターの活動はすべて停止となった。イラクをはじめとする地域におけるこの種の企業の役割に関して、より広範な政治的議論が沸き起こった。これらの企業の株価が大幅に下落したのも不思議ではない。不確実性が大きかったのだ。

このような疑念にもかかわらず、それでも私はアーマーグループに興味を抱いていた。それは、これらの企業は顧客（すなわち国の軍隊）に深く組み込まれており、そのような仕組みを解消するのは極めて難しいことが理由である。新たな規制や制約が導入されることのほうがあり得る話だった。アーマーグループのような事業は何らかの形で存続し続けるであろう。

アーマーグループに最初に興味を持ったとき、2007年9月19日に公表された業績に詳しく目を通した。これは2007年6月30日までの6カ月間の業績である。この資料でCEOのデビッド・シートンは次のようなコメントを寄せていた。

「アフガニスタンおよびナイジェリアにおけるグループの活動において、前期は適度な収益成長を達成し、イラクを除く全体の収益は26％の成長となりました。収益成長は訓練ならびに地雷撤去の部門におい

て見られたものであり、これは警備サービス以外の分野に収益を分散させるわれわれの戦略にのっとったものであります。市場統合のペースが高まり、買収の機会が増大しておりますが、当グループはその機を生かし、また営業レバレッジを利かせ得る立場にあります」

「上半期に獲得した大きな新たな契約と下半期の新たな契約が期待どおりに実行されていることで、通年の業績は前年同様、下半期のそれに大きく依存することになると思われます。グループでは2億2700万ドルの入札（2006年は1億4200万ドル）を含めた多くの機会を視野に入れており、取締役会は通年の業績に自信を抱いております」

これらの業績の主たるポイントは次のとおりである。

- 収益は増大し、1億3700万ドル（2006年は1億3440万ドル）。イラクを除く収益は26％増大し、8050万ドル
- 営業利益は350万ドル（2006年は430万ドル）
- 税引き前利益は250万ドル（2006年は370万ドル）
- 1株当たり利益は3.5セント（2006年は4.9セント）
- 営業活動によるキャッシュフローは860万ドル（2006年は1240万ドル）
- 期末時点での純負債額は760万ドル、一方、2006年12月31日時点でのそれは360万ドル
- 公表された中間配当は変わらず、1株当たり1.25セント

2007年11月27日の業績の下方修正まで、同社は2005年に上場して以降、ずっと黒字であった。貸借対照表（バランスシート）も良好である。

貸借対照表のネット・ネットの運転資本は2479万ドルであった。発行済み株式総数が5340万株であったので、1株当たりのネット・ネットは46セントとなる。当時のドルとポンドの為替レートからすると、ネ

ット・ネットは１株当たり30ペンスとなる（そのときの株価は27ペンス）。同社は、3020万ドルの有形固定資産を抱えていた。無形資産はわずかであったが、私はNAV（純資産価値）を算出するにあたってはこれを無視することにしている。それゆえ、同社のNAVは2007年11月の株価の少なくとも２倍であると結論することができた。

われわれは2007年11月に27ペンスで買いを入れた。

結果

株式を取得したあと、さほど変化は起こらなかった。株価は27ペンスが新たな水準となった。特段新たなニュースもなく、同社は事実上、放っておかれたのである。ブラックウオーターの事件が一面を飾ることはなくなったが、その影響はその後も残っていた。

2008年３月20日、同社は決算速報を発表したが、取締役会はG4Sリミテッド（G4S・PLCの100％子会社）によるアーマーグループに対する現金での買収提案に合意したことを合わせて発表した。

提案された条件は１株当たり80ペンスで、27ペンスで買ったわれわれにとっては196％の利益である。

アーマーグループを買うという決断は一見ギャンブルのように思われるかもしれないが、私はそうは思わなかった。同社はバリュエーションが極めて低いサービス企業で、私流のディープバリュー投資からすると理想的な候補であった。前述のとおり、サービス企業は逆風にさらされたときに、非常に大きな柔軟性を発揮する。短期間のうちに事業を劇的なまでに縮小させることができ、工場を閉鎖する必要もないのである。たいていの場合、長期にわたる問題も、法定の年金基金債務もない。これらの企業は歴史が短すぎるので、そのような問題は発生しない傾向にある。もちろん、法律上の要求はまったく別問題であるが、幸運にもここでは問題とならなかった。

アーマーグループとレコード（後の章を参照）の双方が、長期にわたり株価が振るわなかったことは興味深い。その後、両社はトワイライトゾーンに突入し、さらに悪い、壊滅的ですらあるニュースがすでに弱い株価に大きなダメージを与えた。これは、私が採っているようなディープバリュー投資のアプローチに従うときは肝に銘じておくべき価値のあることである。私は企業のNAVと株価とを比較することでスクリーニングをかけているが、直近の利益見通しにはさほど気を配ろうとはしない。つまり、私は多くの投資家がすでに株価に失望した後でパーティーに参加するということである。彼らの多くはすでにお手上げ状態で、多くの者たちが株式を保有することに戸惑いを覚えている。それらがほんのひと突きで転がり落ち、真のバリュー投資にふさわしい割安株になることは経験が教えている。それが起こることを待つ価値は十分にある。

　確かにアーマーグループは、面白いが見落としている事業の典型ではないかもしれない。しかし、われわれの取得価格であれば、事実上ただで同社を手に入れることができたのだ。さらに、同社は長期契約に基づき、成長する市場で活動していたのであるから、見通しは明るかった。2008年3月にアーマーグループが買収されたときに発表された決算は、収益が8％増大し、1株当たり利益は5.5セント、営業活動によるキャッシュフローは2530万ドル（時価総額に比べたら悪くない）で、引き続き配当を支払っていた。G4Sの買い付けは大歓迎ではあったが、それがなかったとしても、われわれは行き倒れることなどあり得ない同社の一部を保有し続けたことであろう。

　私が行ったほかのディープバリュー投資と同様に、私はただ数年間のデータを見て、その数字が語るすべてに頼るだけで、有望な株式を見いだし、そして取得した。それは翌年の利益予測よりも、大いに信頼に足るものだと私は考えている。

第5章 アーマーグループ・インターナショナル

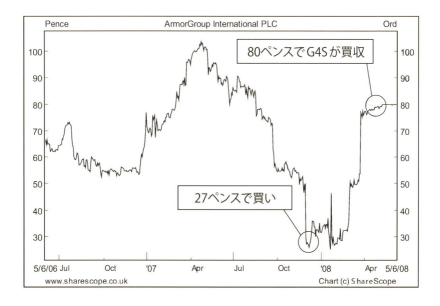

第 6 章
モアソン・グループ
Morson Group

> 買い　39ペンス（2012年4月）
> 売り　50ペンス（2012年5月）

　人材派遣会社のスプリング・グループは堅固な貸借対照表（バランスシート）を持っていたが、すべてのバリュー株が誇れる貸借対照表を持っているとは限らない。例えば、モアソン・グループのそれはかなり脆弱なもので、負債を抱えてもいた。それでも、同社はディープバリュー投資として意味をなすものであった。

企業のバックグラウンド

　「イギリスで航空、防衛、原子力、発電、鉄道などの技術産業に技術者派遣を行う大手企業」であるモアソン・グループは、スプリング・グループと同じ人材派遣会社であるが、異なるセクターに焦点を当てていた。同社は、2006年3月30日にロンドン証券取引所のAIM市場に160ペンスの公募価格で上場し、時価総額は7250万ポンドとなった。
　2008年、同社株式は196ペンスの高値を付けたが、その後、下落を続け、2012年3月には39ペンスの安値となった。同グループは2006年の上場以来、黒字であったが、収益率は税引き前利益が1010万ポンドとなった2007年を頂点に低下し、2012年の税引き前利益の予想は650万ポンドとなっていた。

投資に至るケーススタディ

　バリュー投資の候補を見つけるためには、52週安値のリストを定期的に見直すのが良い方法である。私はそうしてモアソンを見つけたのであるが、そのとき、年初来安値となる39ペンスを付けていた。私には極めて割安な銘柄に思えたのである。同社の収益性は過去数年にわたり明らかに低下していたが、それでもまだ黒字であり、1株当たり利益は10ペンスになると予想されていた。これは、PER（株価収益率）が4倍を下回るということである。極めて低い。2011年の売り上げが5億0800万ポンドで、時価総額はたった1800万ポンドである。これら2つの要素からして、同社株は十分に割安だと思われたが、この時点においては、貸借対照表を基準にして割安かどうかはまだ判然としていなかった。

　残念なことに、モアソン・グループの貸借対照表はそれほど優れていなかった。かなりの負債を抱えていたのである。2012年3月30日、モアソン・グループは2011年12月31日を末とする監査済みの年間の決算速報を発表した。それによると、グループの収益は11％増の5億0700万ポンドとなったが、税引き前利益は570万ポンド（それでも1株当たり利益は10ペンスである）と38％減少していた。つまり、素晴らしいものではなかったが、それでも黒字である。

　同社は利益への圧力を強調していたが、それこそが市場が懸念していたものであることは明白であった。また、モアソンは主要な契約（グループの売り上げのおよそ30％に相当する）が見直しを迫られており、入札を行わなければならないと発表したが、それがグループの直近の見通しをさらに不確実なものとしていた。

　しかし、公表資料の「アウトルック」の項において、困難な時期に注意深く対応することを強調したあとで、同社は次のことを明らかにした。

第6章　モアソン・グループ

「数多くあるプロジェクトのなかでも、HS2やほかの主要な鉄道インフラの改修工事、航空母艦、民間航空のプロジェクト、もちろん原子力発電など、グループにとって重要となる長期的な事業機会となる素地が存在しております。エンジニアは世界的にリソースとして引っ張りだこであり、今後もインフラならびにテクノロジー計画が進められることが予想され、またわれわれがそれに参画できることを誇りに思っております。経験豊富な経営陣のもと、優秀な派遣スタッフたちが、われわれが目標を達成し、自信をもって将来にチャレンジしていくことを支えてくれております」

同社は明らかに不確実性に直面していたが、彼らが人材を供給していた産業部門が消えることはなく、また契約も枯渇しそうにはなかった。

では、この決算発表で公表された連結貸借対照表に目を移すと、2011年12月31日時点の流動資産の数字は**表6.1**のとおりである。

だが、これらの流動資産に対して、流動負債の数字は**表6.2**である。

同社グループはこれ以上の負債も長期借入もなかった。これによって、ネット・ネットの運転資本は2047万ポンドということになる。この時点での発行済み株式総数が4538万7665株であるので、当時の株価である39ペンスに対し、1株当たりのネット・ネットの運転資本は45ペンスということになる。ネット・ネット株であることは言うまでもない。だが、問題があった。

実際のところ、ほとんどのネット・ネット株は問題を抱えており、完璧なディープバリューの割安株が見いだされることはまれである（ある種の矛盾ですらある）。重大なことに、同社の当座借越の残高が、負債総額に対して巨額であることは明白であった。

たいていの場合、巨額の借越は警戒を要するものだが、それは単に企業のNAV（純資産価値）との比較だけの問題ではない。借越残高は契約で固定された借入ほど安定したものではない。借越は銀行から返

表6.1

流動資産	単位＝ポンド
売掛金および未収収益	93,448,000
現金および現金同等物	2,636,000
流動資産合計	96,084,000

表6.2

流動負債	単位＝ポンド
買掛金および未払費用	−39,985,000
未払い法人税	−258,000
リース債務	−57,000
当座借越	−35,923,000
金融派生商品	−391,000
流動負債合計	−76,614,000

済を求められる可能性があり、そうなると企業は極めて難しい立場に追い込まれる。未使用の借入枠が乏しいときに借越に頼ることは珍しくないが、私は安心して見てはいられない。

　幸運なことに、この決算発表の8項目目、「借り入れ」の見出しの下に、次のような励みになる一文があった。

　「2011年12月31日時点において、グループが利用可能な借り入れ枠の未使用残高は1495万2000ポンド（2010年は2269万4000万ポンド）あり、すべての前提条件は満たされておりました」

　これを読んだ私は、同社グループはたとえ最悪の事態に陥ってもま

だある程度の余裕があるとの確信を持った。だが、株式を保有するには不十分である。3960万ポンドの固定資産のうち、3330万ポンドは営業権だった。これは間違いなく考慮に入れなければならない。しかし、けっして珍しいものでもない。スプリング・グループでも同様の営業権が固定資産に計上されていた。

　グループを取り巻くすべての問題を踏まえたうえで、われわれは株式を買うことを決断した。株式は割安で、事業は黒字であり、時価総額に対して収益はかなり大きい。経営陣が同社を再生させることはそれほど困難ではなかろう（もしくは、外部の者が同社を買収してそれを達成する）。つまるところ、39ペンスの株価であれば、5億ドルの収益を上げる黒字の企業を2000万ポンド以下で取得することができる。最後に背中を押したのは、同社の所有者が極めて大きな株式を保有していた（40％）ことである。これは彼らが企業の成功（または高い価格で売却すること）に専念するであろうことを意味している。

　こうして見ていくと、株価はまったく高くはない。そこでわれわれは39ペンスでいくばくかの株式を取得し、より低い水準で落ち着くかどうか（その場合は追加取得する）様子を見ることにした。

結果

　われわれが株式を取得した直後、同社は新たな株主が申告が必要になるほどの大量の株式を取得したと発表した。この新たな株主はモアソン・グループと似かよった未公開のサービス企業を経営しており、この株主が同社の買収提案を行う可能性があり得るとの憶測から株価は跳ね上がった。

　しかし、そうはならなかった。2012年5月25日、同社はMMGGアクイジッションがモアソン・グループに対し、1株50ペンスで現金による買収提案を行ったと発表した。

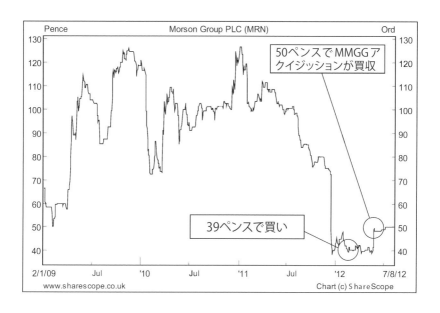

　モアソン家は、株価が振るわず、IPO（新規株式公開）を行った主たる目的の1つが達成されなかったとして、同社を再び非公開化することを決定する。すなわち優秀なスタッフにストックオプションを提供することで彼らを引きつけることができない、というわけだ。さらに、株価の低迷は契約更新の入札においてモアソンの競争優位を削いでいるとも述べていた。

　この投資はうまくいった。大儲けではなかったが、数カ月のうちに28％のリターンを得た。期待外れとなった投資もすべてこれくらいうまくいくとよいのだが。

第7章
ハーバード・インターナショナル
Havard International

> 買い　26ペンス（2011年8月）、36ペンス（2012年4月）
> 売り　45ペンス（2012年4月）

　株式は市場でわびしく暮らすことになる場合がある。もし投資家の期待を裏切れば、あっという間に見捨てられ、忘れ去られることすらある。株価が下落すれば、アナリストの命運も尽きてしまう。つまり、株価が下がり、人気がなくなれば、もはやアナリストリポートを作成する価値などないのだ。しかし、これはバリュー投資家にとってチャンスが生まれるという意味でもある。優れたバリュー株は、常にこの種の銘柄群のなかに隠れている。

　貸借対照表（バランスシート）に計上された現金よりも安い株式が見つかると考えると面白いが、現実にそれは可能なのだ。そのような銘柄を取得することで現金を割安で買うことになる。つまり、20ポンドを支払って50ポンド紙幣を手にするようなものだ。貸借対照表に計上された現金を用いて企業全体を取得し、残りはタダで手に入れることができるわけだ。

　現金を割り引きで買うなどということは未公開市場ではほとんどあり得ない。なぜなら、未公開企業の所有者は自分たちの企業の価値を知っているからだ。上場企業にはそのような保護者は存在しない。企業の実際の価値についてはほとんど分からない株主たちが所有者であり、彼らは常に群集心理に支配されている。

　バリュー投資家に目を移してみよう。確実なバリュー株は、不人気

で、誤った価格付けがなされている銘柄群、時価総額が小さいなかでも放置されている（たいていは長期にわたる低迷のあと）銘柄群のなかに見いだされる可能性が最も高い。本章ではそのような銘柄の１つを取り上げる。ハーバード・インターナショナルだ。

　このような小さな銘柄の出来高は極めて少なく、この種の株式の売買は非常に難しくなる。それゆえ、ポジションを構築するには長い時間がかかるのも理解できよう。これらの銘柄は、FTSE100を構成するような流動性の非常に高い銘柄とは遠くかけ離れた存在なのだ。しかし、割安なのであれば、われわれはそれに目を向けるべきである。そして、それゆえのハーバード・インターナショナルであったのだ。

企業のバックグラウンド

　ハーバード・インターナショナルはイギリスとオーストラリアで消費者向けの電気製品を販売していた。2010年に初めて注目したとき、同社はロンドン証券取引所ではパッとしない存在で、過去数年にわたりわずかながら黒字ではあったが、大きな進展は何も見られなかった。その結果、経営陣は自社に注目を集めるべく取り組みを進めていた。

　2011年８月、ハーバード・インターナショナル株は26ペンスの新たな安値を付けた。そして、私は再び同社に注目することになる。

投資に至るケーススタディ

　2011年７月５日、同社は2011年３月31日を末とする未監査の年間の決算速報を発表した。そこでは、イギリス小売市場の不況によって収益は圧迫されたが、わずかながらの税引き前利益を出したことが示されていた。

　公表資料の冒頭でハーバード・インターナショナルは、2011年６月

表7.1

流動資産	単位＝ポンド
在庫	7,200,000
売掛金および未収収益	13,000,000
現金および現金同等物	13,500,000
流動資産合計	33,700,000

表7.2

流動負債	単位＝ポンド
買掛金および未払費用	−13,700,000
未払い法人税	−400,000
引当金	−500,000

30日時点で貸借対照表上に1600万ポンドの現金が計上されているとも記していた。時価総額がたった1300万ポンドの企業としては悪くない。

連結貸借対照表は**表7.1**のとおりである。

そして、負債をまとめると、**表7.2**のとおりである。

長期借入金はなかったので、負債合計は1460万ポンドになる。

ネット・ネットの運転資本は1910万ポンドという計算だ。

極めて堅固かつ流動性の高い貸借対照表である。前述のとおり、6月30日時点での現金残高は時価総額よりも大きい。ネット・ネットの運転資本が1910万ポンドで、発行済み株式総数が5128万4858株であるから、1株当たりのネット・ネットは37ペンスとなる。時価が26ペンスであるから、同社が異常な割安株であることは言うまでもない。そこで、われわれは2011年8月に26ペンスで同社株を買った。

結果

　ハーバード・インターナショナルは幾つかの新製品を開発し、利用者がデジタル放送に対応することを可能とするセットトップボックスを供給する契約を結んでいたが、同社が活動するイギリス市場やオーストラリア市場における需要の低迷に苦しみ続けていた。

　それでも私は、多額の現金と有望な新製品を持ち、黒字を維持している同社の見通しは明るく、イクスポージャーを持つのは有意義であると考えていた。さらなる一歩を踏み出す前に、私は同社の経営陣に会って、同社をよりよく理解したいと考えた。同社が市場で軽視されていたのは確実で、それゆえ利用できる情報（決算発表を除いて）もほとんどなかった。

　しかし、同社に面会を要請する電話をかけたとき、それが難しい多くの理由に直面した。同社の主幹事証券が面会の目的を知るために私に電話をかけてきた。通常、経営陣が株主と会いたがらないのは、極めて否定的なシグナルである。

　瀕死の企業の現状に甘んじ、給料だけを引き出し、株主の資本を費消し、何年にもわたって企業が衰退していくに任せようとする経営陣も見受けられる。一般に、このような企業では、経営に関与し、株主の権利を主張する著名な機関投資家が株主となると明るい兆候となる。だが、ハーバード・インターナショナルはそうではなかった。

　しかし、彼らが会いたがらない理由はほかにあった。そして、それは悪いものではない。同社は買収提案に関する発表を行おうとしていたのである。

　買い手は、成都金亜科技の100％子会社である、金亜科技（香港）であった。

　これは、われわれが見慣れているような単純な買収ではなかった。金亜科技は中国企業であり、ハーバード・インターナショナルに対する

いかなる買い付けを進めるにあたっても、事前に中国の国家と地方当局から認可を受けなければならなかった。金亜科技が公表した買収価格は現金で1株当たり45ペンスであったが、これにも不確実性が伴った。

このニュースに株価は曲がりなりにも上昇し、40ペンスを付けたが、それでも提案された買収価格よりも低く、まだ顕在化していないリスクがあることを反映していた。

期間延長（中国当局からの認可を待つ金亜科技がハーバードへの買収提案を継続することを可能とする）は、10月26日、11月23日、12月21日、2012年1月18日、2月15日、3月14日、3月30日、そして4月5日に発表された。

このときまでに株価は下落を始めていた。買収が行われないリスクが現実に高まっていた。事態はダラダラと長引いていた。

4月、いくばくかの株式を36ペンスで入手することが可能となった。それでもネット・ネットの運転資本よりも割安であったので、われわれは喜んで取得した。買収があろうがなかろうが、割安なのであれば、われわれは喜んで買うのである。

2012年4月13日、ついに金亜科技はハーバード・インターナショナルに対し45ペンスでの現金による買収を行うと発表した。これによって、われわれは二度にわたる取得に対して、それぞれ73％と25％の利益を得ることになったのである。

第2部 ディープバリューの成功例

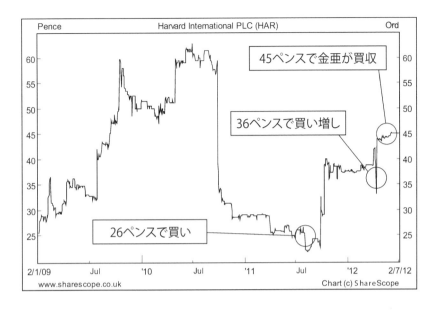

第8章
ベロシ

Velosi

買い　82ペンス（2009年12月）
売り　165ペンス（2010年12月）

企業のバックグラウンド

　ベロシは、2006年にロンドン証券取引所のAIM市場に上場し、石油設備、サービス、流通セクターに属するとても興味深い企業であった。
　同社は、主要な石油およびガス会社に対し、アセット・インテグリティ、品質保証、品質管理、エンジニアリング、HSE（衛生・労働安全・環境）サービスを提供していた。私の理解では、ベロシは年度ごとに石油リグが「適正」かどうかを検査するのである。
　これは、収益が繰り返し発生するということであるから、良いニュースである。一方で、健康や安全性に対する法制度が強化されているということは、ベロシにとっては市場が増大しているということでもある。同社はまた、このようなサービスをグローバルベースで提供できる企業がほとんど存在しないという点においても、極めて幸運な立場にあった。石油会社は世界中のどこにあろうとも、ある時点で石油リグの契約を締結する必要がある。
　これは面白いビジネスモデルだと思った。私は大いに気に入った。市場は同社をほとんど見過ごしており、イギリスに本社を構えてはいても、経営は外国で行われていた。同社は当初、マレーシアで設立され、主にマレーシア人が経営をしていた。ロンドン証券取引所に上場して

いる非イギリス企業は、往々にしてこのようにだれからも注目されず、アナリストに取り上げられることはほとんどなく、イギリスの機関投資家が株主名簿に名を連ねることも少ない。それゆえ、たとえビジネスモデルが魅力的なものであっても、そのような企業は容易にレーダーから外れてしまう。

ベロシがまさにそれである。

投資に至るケーススタディ

私が同社に目を付けた2009年夏、利益ベースで見るとかなり割安に見えたが、それでも株価（125ペンス）はNAV（純資産価値）に対してプレミアムが乗っていた。2009年9月21日、同社は2009年6月30日を末とする半期の決算を発表した。主たるポイントは次のとおりである。

- 大幅な成長を続けている
- 上半期の売り上げは15％増大
- 税引き前利益は10.4％増大
- 1株当たり利益は8.2％増大し、11.2セント（6.9ペンス）。前会計年度のEPS（1株当たり利益）は通年で21.7セント
- 純現金残高は1970万ドルに増大
- 既存の契約は100％更新され、新たな契約も安定的に獲得し、将来の収益見通しは明るい

同社会長は次のようにコメントしていた。

「当社は、厳しさの増す市場環境にもかかわらず、改めて優れた業績を残しています。過去のパターンに基づけば、収益は下半期のほうが大きくなる傾向にあり、締結済みの契約がもたらす収益は確実なもの

であるので、通年の業績は優れたものになると確信しております。経済環境が低迷しているなかにあって、堅調な業績を上げていることで当社の財政状態は強化されております。結果として、当社の貸借対照表（バランスシート）は1970万ドルの現金を計上する堅固なものとなり、現金を生み出す力も維持し、増収増益を続けております」

　これは大変に素晴らしい。このような特徴を持つバリュー株はめったに見いだすことができない。収益は増大し、収益性は高まり、現金残高は増大している。これは、バリュー銘柄というよりも、実際に力強く成長している企業である。

　私が見るかぎり、同社の低い株価は、単に「珍しい」バックグラウンドゆえにロンドンで注目されなかったということで説明される。ほかの理由も探したが、見いだすことはできなかった。

　ディープバリュー投資家は、最大限の安全域をもたらす価格で株式を買いたいと考える。われわれはNAVに対する割引幅が最大となるときに取得しようとするし、運転資本の純額に対して割安（ネット・ネットの状態）となっていればなおのこと良しである。これは本書で紹介する投資対象の多くにおいて可能であった。だが、少なくとも私にとっては、絶対に譲れないルールではない。ネット・ネットに対して割安な価格で買うことで、最大限の安全域を手にすることになる。つまり、われわれは将来発生する可能性がある営業損失から投資を守ることができる貸借対照表を望んでいるのである。これは、企業がわずかにでも収益性があり、ダウンサイドリスクが管理可能なものであるならば、NAVと同じ水準でも安心して株式を買うことができるということだ。投資に害を与えるものがほとんどないのである。

　ダウンサイドリスクがどのようなものか、またその規模がどの程度になるかを評価するのは容易ではない。おそらくは、ディープバリュー投資において数字に語らせることができない分野のひとつであろう。つまるところ、貸借対照表は過去を扱っているのだ。将来に対する前

向きな見通しだけに基づいて投資することはできないが、否定的または用心深い見通しは、その投資対象が割安な領域に入るまでに、どれだけの割引幅が必要かを決めるにあたり注意する価値のあるものである。

　これはけっして容易ではなく、すべてのケースにおいて、それぞれの真価に基づいて取り組まなければならない。本当に確実なことなどない。価値あるものか、それともバリュートラップかを見定めるにあたり、われわれが注目しているのは全体像である。これには少々の経験が必要となるが、長い時間をかけて多くの事例を見ていくことで理解できるようになるであろう。

　少々本題からそれてしまったが、力強く成長し、長きにわたり成長することが期待できる企業をNAVで買うことができる可能性があるならば、われわれバリュー投資家はそれに注目すべきであることを説明しておくことは重要であろう。

　このような投資判断を下すために、ほかの投資よりも少しばかり多くの情報を貸借対照表から得る必要がある。2009年6月30日時点でのベロシの貸借対照表は**表8.1**のとおりであった。

　運転資本の純額は4960万ドルであった。発行済み株式総数が4776万5871株であったので、当時の為替を用いれば、1株当たりのネット・ネットは65ペンスとなる。

　固定資産に目を向ければ、ベロシには930万ドルの有形固定資産と130万ドルの「その他投資」があり、NAVは6030万ドルとなるので、1株当たりにすれば1.26ドル、つまり79ペンスである。

　2009年12月にわれわれはNAVを若干上回る82ペンスで株式を買うことができたが、この銘柄は秀でた特徴を有しており、将来も成長を続けるであろうと確信していた。

表8.1

資産の部	単位＝1000ドル
固定資産	
営業権	8,646
その他無形資産	1,598
有形固定資産	9,314
関連会社株式	1,364
繰り延べ税金資産	450
流動資産	
現金および現金同等物	22,455
在庫	4,048
売掛金および未収収益	60,322
未収還付税額	85
資産合計	108,272

負債の部	単位＝1000ドル
流動負債	
買掛金および未払費用	28,166
借入金	2,824
未払い法人税	2,493
繰り延べ費用	1,260
固定負債	
繰り延べ税金負債	36
借入金	1,536
その他固定負債	1,005
負債合計	37,320

結果

2010年4月14日、ベロシは2009年12月31日を末とする年間の決算速報を発表した。主たるポイントは次のとおりである。

- 収益は1億8300万ドルと安定
- 営業利益は2.7％増大
- 税引き前の経常利益は13％増大
- EPS（1株当たり利益）は5.1％増大（1株当たり22.8セント＝14ペンスとなった）

同社会長は次のように述べている。
「市場環境が極めて厳しいなかにあって、利益が13％増大したことは、大いに安心できる業績であります。2009年のグループ全体の収益は昨年に比べて安定したものでありました。異例の環境下での活動を強いられたナイジェリアを除けば、収益は実際のところ6.8％ほど増大しております。原油価格が1バレル当たり40ドル程度まで下落し、石油会社の多くが費用を削減することになった年においてこれだけの業績が達成されたのであります。将来に目を向ければ、原油価格が上昇し、またより安定するに合わせて事業活動は回復の兆しを示しており、特定の地域では石油やガスのインフラプロジェクトへの投資が増大しておりますが、業界全体のムードはいまだ慎重であります。当社は安定した受注を受けており、将来の収益見通しは明るく、また市場の状況が大幅に改善しなくとも、2010年には素晴らしい業績を残せるものと期待しております」

これは十分に楽観的なものである。株価はわずかに上昇したにすぎなかったが、同社に対する私の信念が正当化されたように思えたので、喜んで「買い上がった」。株式は10倍以下のPER（株価収益率）で取

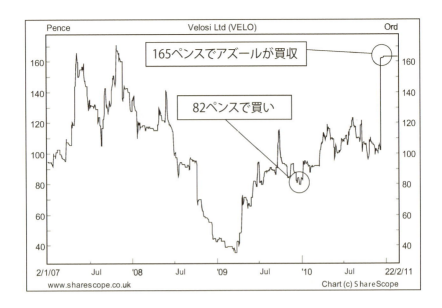

引されていた。

　企業の株式を買うと、私はその後、発表されるすべての資料を注意深く読むことにしている。赤字の企業の場合は、自分の安全域が消え失せていないことを確認する。仮に見通しが悪化したら、私は躊躇なく売却し、ポジションを解消することにしている。

　ベロシの場合、貸借対照表が悪化していないことは確実であった。実際のところ、同社は配当の支払いを始めた。私はこの株式を喜んで継続保有することにし、いくらになったら売却するかは決めなかった。

　その判断は2010年12月9日、アズール・ホールディング2SARLがベロシのすべての普通株を現金で買収する提案を行ったことで下された。

　買収価格は165ペンス。前日の終値に対して61.8ペンスのプレミアムとなり、われわれは101％の利益を手にすることになった。

　ベロシは比較的小規模で、見落とされがちな企業であるが、2010年にブリティッシュ・ペトロリアム（BP）がメキシコ湾のディープウオ

ーター油田で起こした事故を受けて、ベロシのような事業は回復傾向にあった。ベロシを買収したコンソーシアムはこの分野で幅広い経験を有しており、カーライル・グループとそのパートナーたちからのバックアップを受けていた。

　ベロシは優れた投資であることが証明された。事業はとても魅力的で、PERは極めて低く、現金残高は増大し、向こう数年間の見通しも明るい。同社は株式市場で本当に注目されていなかったので、われわれは魅力的な価格で株式を取得することができた。外国に拠点を持ち、アナリストに取り上げられることもほとんどなく、株主名簿にイギリスの主たる機関投資家は存在せず、独りぼっちであった。まさに、金融界の「隠密行動」の定義どおりである。この手の銘柄はほとんどすべてのセクターに存在している。

第 9 章
ブルームズベリー・パブリッシング
Bloomsbury Publishing

> 買い　95ペンス（2011年8月）
> 初版出版時は継続保有　127ペンス（2013年6月）
> 売り　176ペンス（2013年10月）

　市場の短期志向と利益への妄信とが、ディープバリュー投資家にとっての優れた割安銘柄を生み出す共通の要素となる。ハリー・ポッターを生み出したイギリスの出版社であるブルームズベリー・パブリッシングの場合のように、株価が堅調で、世界的な成功を収めた企業でもそれを免れることはない。

　同社は、手元資金が豊富で、魅力的な企業の好例で、分析の結果、私は投資したいと考えた。問題は、市場全体のパニックが短期志向の投資家に売りを強いるのを待つばかりであった。

企業のバックグラウンド

　25年前に創業されたブルームズベリー・パブリッシングは1994年にロンドン証券取引所に上場した。同社は、J・K・ローリングのハリー・ポッターシリーズの成功（初版は1997年に出版された）を背景に大きく成長した。

　2010年に同社を注目し始めるまでに、ハリー・ポッターシリーズは7作を数え、販売も極めて順調であった。

　しかし、当然ながら株式市場はハリー・ポッター後の同社のあり方を懸念し始める。ブルームズベリーは貸借対照表（バランスシート）

に多額の現金を計上していたが、市場はそのことにまったく注目しなかった。投資家は不確実性に不満を抱き、それがセンチメントに悪い影響を与えていた。将来への懸念は、株価の下落となって表れた。2007年の税引き前利益は1700万ポンドにもなったが、2009年には710万ポンドまで落ち込んでしまった。

2010年3月10日、同社は2009年12月31日を末とする年間の決算速報を発表した。

主たるポイントは次のとおりである。

● 収益は8720万ポンド（2008年は9950万ポンド）
● 1株当たり利益は6.77ペンス（2008年は10.67ペンス）
● 純現金残高は3500万ポンド

同社は、J・K・ローリング以外にも有力な作家を抱えていると語ったが、一連のハリー・ポッターの魔法が陰りを見せていることは否定できず、それが市場に懸念を与えていた。ブルームズベリー・パブリッシングのほかの事業を見ても、プレッシャーを跳ね除けるだけの何かがグループ内で起こるようには思えなかった。

実際に、もはやハリー・ポッターでさえ、まともに考慮されていなかったようである。最終的に、ブルームズベリーは作家の死後70年間はハリー・ポッターシリーズの版権を保有することになる。ハリー・ポッターシリーズがグループにとって重要であることには変わりなく、これらの決算発表に合わせて新装版が発表されもした。今後も長いこと出版することができるであろうし、物語は世代を超えて生き抜くことであろう。

しかし、市場は目の前のことに集中している。現金は怪しげな買収に費消されるのだろうか。同社は過去のような売り上げと利益とを再び達成するのだろうか。このような環境下、ハリー・ポッターという

表9.1

流動資産	単位＝1000ポンド
在庫	16,350
売掛金および未収収益	47,509
現金および現金同等物	35,036
流動資産合計	98,895

資産と、おそらくは向こう一世紀にわたりそれが繰り返しもたらすであろう収益は耳を傾けてもらえずにいたのである。

投資に至るケーススタディ

　2010年の決算速報で示されたブルームズベリーの貸借対照表には**表9.1**のように記載されていた。

　一方で、負債合計はたった2683万5000ポンドであった。つまり、ネット・ネットの運転資本は7206万ポンドとなる。発行済み株式総数が7392万0795株であったので、ブルームズベリーの１株当たりのネット・ネットの運転資本は97ペンスとなる。

　固定資産は計4100万ポンドであり、うち無形資産が3800万ポンドとアセットライトな企業の典型であった。つまり、難局を切り抜け、チャンスが来ればアウトパフォームすることができるということである。

　残念ながら、この時点（2010年夏）での株価は125ペンスで、97ペンスというネット・ネットの水準よりも高く、プレミアムが付いていた。

　同社の株価はディープバリュー投資には高すぎると判断し、ブルームズベリー・パブリッシングの経過を引き続き注視することにして、別の案件に移った。

しばらくあとに、同社が出版セクターの異なる分野で、時間をかけ、幾つもの小規模な買収を続けていることに私は気づいた。2008年には『ウィズデン』の出版社を、2009年1月にはアーデン版シェイクスピアの出版社を買収するといった具合である。それらの多くは収益を繰り返しもたらすという特徴を有しており、それがとりわけ魅力的なように思われた。ハリー・ポッターシリーズはブルームズベリー・パブリッシングに驚くほどの成功をもたらしたが、規模の面では一度かぎりであることは分かっていた。だが、その現金を、繰り返し収益を生むものへと転換させることができれば、間接的ながら企業の継続的な成長に資することになる。つまり、同社の見通しは安定性を増し、やがては市場でより高い評価が得られるようになると私は確信していた。

　同社はハリー・ポッターの果実を大衆向けのニッチに投じ、あっという間に最大の出版社となった。それらのニッチには、鳥、ヨット、クリケット、執筆や料理に関する本などがある。学術分野では、演劇、チャーチル、宗教、哲学、教育、古典文化やファッションなどがある。プロフェッショナル分野では、会計（PwC、オンライン納税）や法律（イングランド、ウェールズ、スコットランド、アイルランド）に手を拡げた。

　同社はまた、電子出版の革命にも見事に対応している。同社はハリー・ポッターのデジタル著作権は有していなかったが、この産業構造の大転換は同社に新たなチャンスをもたらすとともに、次のような多くの魅力的な特性をもたらすこととなった。

- 小売店からの返品率が大幅に低下する
- エンドユーザーとの関係が大幅に近くなる
- コンセプトから出版までの展開が早くなる
- 製造費が減少する
- 失敗によるコストが低下する

●将来の収益が見通しやすくなる

　それゆえ、われわれが買うチャンスを待っている間にも、同社は魅力を増すばかりであった。

　2011年8月に株式市場が強力な売りにさらされたことでわれわれの我慢は報われた。われわれは同社株を95ペンス（参照——ネット・ネットの水準は97ペンス）で手に入れることができた。

結果

　2012年に146ペンスの高値を付けたあと、本書の初版をしたためている時点（2013年6月）で株価は127ペンスであった。これはそれほど目を見張るほどのものではない（127ペンスであれば33％以上の上昇である）かもしれないが、当時の市場環境からすれば十分であった。

　私はやがて株価はさらに上昇すると期待していたが、ブルームズベリー・パブリッシングは急騰するような銘柄でも、またライバル企業がプレミアム付きで買収するような銘柄でもないと考えていた。ハーバード・インターナショナル、モアソン、アーマーグループなどとは異なる種類のバリュー投資なのである。

　私が注目している間、同社は黒字を続け、配当も支払っていた。一度たりともディストレスの兆しを見せることはなかった。ブルームズベリー・パブリッシングとは異なり、われわれのポートフォリオを構成するほとんどの企業は知名度も低く、たいていの場合赤字である。配当が支払われることなど珍しいのだ（MJグリーソンのように、資本還元を受けることもある）。客観的に優れた価格で取得し、事業も好調で成長している企業を保有できるならば良いことだ。

　ハリー・ポッターの成功で、ブルームズベリー・パブリッシングはその事業を転換することができた。同社の事業はもはやかなり広範に

及び、繰り返し生まれる収益が占める割合もかなり高くなり、イギリスだけでなく、アメリカやインド、オーストラリアにもオフィスを構えているのだ。初版出版時点での同社の配当利回りは4.5％を超えていた。

その後、初版が校了となり、印刷が行われている間、ブルームズベリー・パブリッシングの株価は2013年10月に176ペンスまで上昇した。そして、われわれは売却した。

事によると、同社株は何年間も保有できる銘柄だったかもしれない。英語の普遍性の向上に加え、途上国において中間層が増大し、さらにはデジタルの相互接続性や情報へのアクセスが拡大したことは、それを下支えするものであったかもしれない。もちろん、ハリー・ポッターも向こう100年にわたって売れ続けるであろう。

しかし、株価はもはや適正であった。われわれは85％上昇したうちのほとんどを手にすることができたので、売却を決断した。売却後、株

価は4年間にわたりほとんど変化しなかった。

第10章
B・P・マーシュ・アンド・パートナーズ
B.P. Marsh & Partners

> 買い　87ペンス（2012年8月）
> 売り　130ペンス（2013年4月）
> 再度買い　143ペンス（2015年8月）
> 追加取得　212ペンス（2017年6月）
> 継続保有　253ペンス（2017年11月）

　B・P・マーシュ・アンド・パートナーズは見過ごされていた金融サービス企業で、石油リグサービス企業のベロシと少しばかり似た存在であった。同社は、ニッチに特化したベンチャーキャピタルである。通常、ベンチャーキャピタルはその投資対象の流動性ないこととバリュエーションを外部から評価しにくいことから、私にとっては興味の対象外である。

　だが、B・P・マーシュ・アンド・パートナーズは少しばかり違っていた。

企業のバックグラウンド

　同社は金融サービス企業のひとつであり、2006年にロンドン証券取引所のAIM市場に上場した。
　2012年、同社がNAV（純資産価値）から大幅に割安となっている企業のリストに上がっていることに気づいた。この手のリストを確認することは私の日課であり、新たな投資候補を見つける優れた方法でも

ある。NAVに対して50％も割安となっているならば、詳しく調べる必要がある。

ベロシはある種独特なバリュー投資（NAVをわずかに上回る価格で取得した）であったが、B・P・マーシュ・アンド・パートナーズも珍しい例であった。われわれが株式を取得した理由を説明するためには、ネット・ネットの運転資本という考えから少しばかり離れ、異なる方法で貸借対照表（バランスシート）をとらえなければならない。そうすることで明確になることを期待する。

投資に至るケーススタディ

同社が公表していた最新の財務諸表は2012年5月30日を末とするもので、主たるポイントは次のとおりであった。

● NAVは7.8％増大
● 1株当たりのNAVは171ペンス（2011年は159ペンス）
● 株価はNAVに対して48.2％割安（2012年5月28日時点）
● 連結の税引き後利益は40.3％増大
● 1株当たり1ペンスの配当
● 年複利成長率は12％

私にとって会長の声明のなかで最も重要な点は、同社が保有するハイペリオンの株式に関するものであった。これは同社のポートフォリオの最大保有銘柄である。B・P・マーシュ・アンド・パートナーズは最近その一部を380ペンスで売却している。これが取引時の現金価格であり、つまりそれだけの現金を受け取ったということである。借用証書でもなければ、他社株への転換でもない現実の現金である。これは明るい材料で、私は貸借対照表に計上されているポートフォリオの

バリュエーションに自信を深めたのである。

同社による投資を、その財務諸表に計上されているとおり検証することは重要であるが、紙面の都合上、そしてそれが最大の保有銘柄でもあるので、私はハイペリオンに対する投資に焦点を当てることにする。

同社がハイペリオンに最初に投資したのは1994年である。とりわけハイペリオンは、企業幹部(「D&O」)や専門業務(「PI」)の保険に特化した保険ブローカーを保有していた。ハイペリオンの子会社は、ロイズの登録ブローカーとなっていた。1998年、ハイペリオンは、ヨーロッパにおけるD&OおよびPI事業の開発に特化した保険代理店を立ち上げていた。

Ｂ・Ｐ・マーシュ・アンド・パートナーズによる同社への投資の詳細は次のとおりである。

Ｂ・Ｐ・マーシュ・アンド・パートナーズによるハイペリオンへの投資(2012年3月)

投資日 1994年11月

株式保有率 19.4％ 18.3％まで希薄化する可能性があるが、グループは19.2％程度の経済的権利を保持している(**注意** 株式の一部売却によってＢ・Ｐ・マーシュ・アンド・パートナーズの現在の持ち分は16.19％であり、これは15.63％まで希薄化する可能性があるが、経済的権利は16.4％保持することになる)。

2012年1月31日時点でのバリュエーション 3388万8000ポンド

2012年8月時点で、Ｂ・Ｐ・マーシュ・アンド・パートナーズの株式は87ペンスを付けていたことに注意する必要がある。発行済み株式

総数が2920万株であるから、時価総額は2540万ポンドとなる。言い換えれば、同社は、最大の保有銘柄（第三者に現金で一部を売却したことで、われわれがそのバリュエーションに自信を持った銘柄）の価値よりも大幅に安い価格で取得が可能だった。

にわかにＢ・Ｐ・マーシュ・アンド・パートナーズに対する興味が増した。

一方で、2012年1月31日時点の貸借対照表は**表10.1**のとおりである。

この場合、Ｂ・Ｐ・マーシュ・アンド・パートナーズのネット・ネットの運転資本は650万ポンドのマイナスとなるため、ネット・ネットの割安株でないことは明らかだ。しかし、流動資産に目を向けると、ハイペリオンに対する3380万ポンドを含めた投資が事態をかなり魅力的なものとしていた。Ｂ・Ｐ・マーシュ・アンド・パートナーズはハイペリオンに対する投資を部分的に売却することで流動性を生み出すことができるという事実にわれわれは安心した。その他の投資は1680万ポンドとなる。それらの案件の流動性や評価はそれぞれ異なっていたが、少なくとも何らかの価値はあるはずである。公表資料には投資内容がそれぞれ個別に記されていたが、ここでは触れないことにする。ハイペリオン株がＢ・Ｐ・マーシュ・アンド・パートナーズ全体よりも30％も高い価値を持っているという事実だけでわれわれには十分であった。

われわれは安全域を手にした。同社は収益性があり、負債もほとんどない。そこでわれわれは2012年8月に87ペンスで買いを入れた。

結果

2013年3月27日、同社は「ハイペリオンの一部売却と取引のアップデート」に関する発表を行った。同社は保有するハイペリオン株の一部売却から2920万ポンドの現金を受け取ることになった。

表10.1

資産の部	単位＝1000ポンド
固定資産	
有形固定資産	14
投資	50,624
貸付および未収入金	5,983
流動資産	
売掛金および未収収益	2,093
現金および現金同等物	666
資産合計	59,380

負債の部	単位＝1000ポンド
固定負債	
借入および未払金	−1,250
成功報酬引当金	−299
繰り延べ税金負債	−7,415
流動負債	
買掛金および未払費用	−295
負債合計	−9,259

　われわれはこの保有株に魅力を感じて買いを入れていたので、2013年４月にＢ・Ｐ・マーシュ・アンド・パートナーズの株式を130ペンス（49％の利益）で売却した。NAVはそのときの株価よりもかなり高かったが、ポートフォリオのほかの銘柄が十分に成長するまでには時間

第2部　ディープバリューの成功例

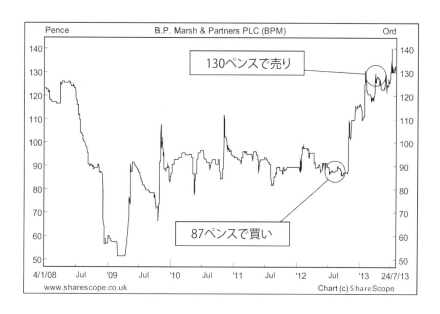

がかかると感じていた。メーンイベントはハイペリオンへの投資なのである。

　NAVに対して大幅に割り引かれた株価を付けている銘柄を探していると、常ながら驚きを覚えるものに出合う。もちろん、このような企業の多くが問題を抱えており、自分が買ったあとで、彼らが回復し、NAVとのギャップを埋めることができるかどうかを第三者が判断することは難しい。しかし、状況の判断がはるかに容易なB・P・マーシュ・アンド・パートナーズのような面白い企業を見いだすこともできる。

　見つけたとしても、それらが成果を示し始めるまでにはある程度の時間がかかるかもしれない。バリュー投資においては忍耐が大きな美徳となる。株式を買ったあとは、貸借対照表を確認し、大きな損失（小さな損失なら問題ない）を出していないか観察し、企業の発表やセクター全体で前向きな何かが起きていないかに耳をそばだて、そして待

つだけである。

再び訪れた投資機会

　2013年4月に130ペンスでB・P・マーシュ・アンド・パートナーズのポジションを解消したとき、1株当たりのNAVは178ペンス（2012年10月23日に発表された最新の財務情報に基づく）であった。しばらくの間、ハイペリオンへの投資は、同社にとってはまさに「メーンイベント」であった。同社が行ったほかの投資のうち、短期間でこれほどの効果をもたらし得るものはなかった。

　われわれが売却したあと、同社の株式は長らく横ばいを続けていた。しかし、2015年8月、私は再び同社に注目した。2015年6月2日に直近の決算を発表していたが、それによれば1年間でNAVが1株当たり202ペンスから216ペンスに増大した一方で、株価はほとんど上昇せず、たった143ペンスと落ち込んでいた。言い換えれば、われわれがポジションを手仕舞って以降、株価はたった10％ほどしか上昇しなかったが、NAVは21％以上増大していたのである。

　資料には次のようにあった。

　「当グループは、NAVを1株当たり216ペンスまで増大させましたが、年複利成長率にすると11.3％となります。これは、1990年のグループ創設以降、経費や実現益、実現損、または資本還元を差し引き、さらには繰り延べ法人税への適切な引き当てを行った（株式公開によって調達した1000万ポンドは除く）後の数字であります」

　さらに、次のように続く。

　「当グループは健全な状態にあり、十分な資金を手に新たな投資を行い、既存の投資先に追加資金を提供し、そして株主の皆様に報いて参ります……」

　B・P・マーシュ・アンド・パートナーズは投資先をさらに分散さ

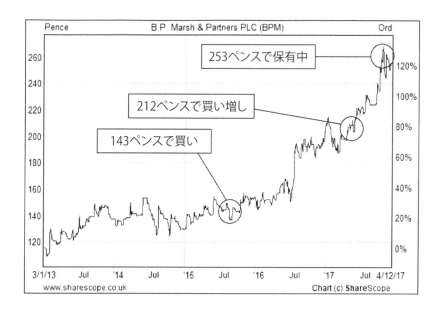

せていた。同社には投資を成功裏に資金化させられる実績がある。また外国市場でもさらに活発に活動し、直近の投資の大半はイギリス以外で行われたものであった。

　それでも同社は、いまだ独特の投資形態をとっており、ほかのベンチャーキャピタルと競合することはほとんどなかったが、投資候補先に困らないだけの十分な評判を獲得してもいた。

　それゆえわれわれは、2015年8月に改めて同社の株式を143ペンスで取得することに決めた。2017年6月には212ペンスで買い増したが、これは6月6日に発表された決算によるとNAVが1年前の243ペンスから273ペンスへと増大したことを受けたものである。

　2017年11月、われわれは同社の株式を継続保有している。現在の株価は253ペンスで、2017年10月に発表された直近の決算によると、NAVは1株当たり304ペンスまで増大した。

第11章
バラット・ディベロップメンツ
Barratt Developments

> 買い　90ペンス（2011年11月）
> 初版出版時は継続保有　330ペンス（2013年6月）
> 売り　652ペンス（2015年8月）

　時にセクター全体がバリュー投資家の楽園となることがある。実際に、すべての株式がディープバリューの特徴を示し始めるのだ。住宅建設セクターがその好例である。この業界は極めてシクリカルで、バリュー投資家に多くのチャンスをもたらすことになる。しかし、セクター全体が危機にあるときは、リスクも最も高く、窮地に追い込まれる可能性も非常に高いときである。ゆえに、ある銘柄が世紀の掘り出し物と思えるときでさえ、用心深さが求められる。

　バラット・ディベロップメンツに対する投資は、同社の価値に確信が持てるまで投資を行わなかったので、長い時間を要することとなった。

企業のバックグラウンド

　バラット・ディベロップメンツの株価を一見すれば、このセクターのボラティリティが実によく分かる。同社の株式は2007年に845ペンスの高値を付けた。2008年には25.3ペンスの安値となった。このような株価の劇的な変動は、2007年に始まったリセッションに業界がのみ込まれてしまった結果である。多くの住宅メーカーが大きな打撃を受けた。事態の悪化があまりに早く、多くの人々が窮地に陥ることになっ

た。

　住宅メーカーはその特異な構造ゆえに、景気の悪化に脆弱なのである。それらの貸借対照表（バランスシート）の流動資産の部を見ると、在庫（すなわち土地）が主たる資産となっており、一方で主たる負債はこれらの土地を取得するために用いた借り入れ（長期、短期を問わず）である傾向にある。

　「平常」時であれば、これは別段おかしな状況ではない。業界はそのようにして運営されている。しかし、2007年以降の出来事は危険な状況で、これらの土地の評価を下げざるを得なかった（すなわち価額を切り下げる）一方で、負債の部に計上された借り入れの額は変わらない、または増大していたのである。

　結果として、貸借対照表は大きな圧力にさらされることになった。住宅メーカーの多くが、株主割り当てや銀行借り入れの増加（またはこの２つの組み合わせ）、または部分的な売却などを通じて、さらなる資金調達を行わなければならなかった。これは業界全体で起こったことで、この厳しい裁きを避けることができた者はほとんどいなかった。イギリスの住宅建設はまるで終焉を迎えたかのようにメディアでは報じられた。

　他国でも同じことが起きていた。アイルランド、スペイン、アメリカのすべてで住宅建設セクターは厳しい不況に直面することになる。

投資をしないケーススタディ

　2008年９月10日、バラット・ディベロップメンツが発表した2008年６月30日を末とする年間決算はそうした状況を伝えるものであった。主たるポイントは次のとおりである。

●税引き前利益は１億3730万ポンド（2007年は４億2400万ポンド）

第11章　バラット・ディベロップメンツ

- 1株当たり利益は25ペンス（2007年は115ペンス）
- 特別損失は計2億5500万ポンド、うち2億0840万ポンドが在庫の評価損、3070万ドルが営業権と無形資産の評価損

「現況と見通し」と銘打たれたCEO（最高経営責任者）のコメントには胸躍るようなものは何もなく、相当に用心深いものであった。

財務担当役員のレビューも慎重なものであった。

「本年は、すべての住宅メーカーにとって大変に厳しい1年でありました。市場の大幅な低迷を受けて、われわれは適切な対応を取って参りました。利益を着実に確保し、資産のクオリティも維持致しました。最近行われた借り換えならびに借り入れ条項の改定は、しばらくの間は厳しい状況が続くと思われる市場環境を乗り切るための堅固な土台を確保する重要なステップでありました」

これらの業績が示された2008年6月30日時点の貸借対照表は**表11.1**のとおりである。

負債総額は2007年の水準とさして変わらないが、流動負債と固定負債とに大きな変化があったことが興味深い。流動負債に計上されている借り入れは2008年に急拡大した。固定負債（すなわち満期が1年以上先の負債）の部では借り入れはいくばくか減少しているが、これは同社が長期の資金調達を行っておらず、短期のそれに依存度を高めていることを意味している。市場の縮小がさらに続くとすれば、好ましからざる状況である。

ネット・ネットの運転資本は17億9030万ポンド（2007年は18億5890万ポンド）となった。

株式総数は3億4670万株（2007年は2億6280万株）なので、ネット・ネットは1株当たり516ペンスということになるが、2008年の株価が高値で310ペンス、安値では25ペンスだったことと比較すると驚くほど高い水準である。これは世紀の割安株のように思えた。そして安全域も

表11.1

流動資産	単位＝100万ポンド	単位＝100ポンド
	2008年	2007年
在庫	4,830	4,739.9
売掛金および未収収益	100.9	141.7
現金および現金同等物	32.8	182.1
未収還付税額	20.6	0
流動資産合計	4,984.3	5,063.7

負債	単位＝100万ポンド	単位＝100万ポンド
流動負債	2008年	2007年
借入	－653.7	－26.7
買掛金および未払費用	－1,163.8	－1,484.4
未払い法人税	0	－58.2
固定負債		
借入	－1,031.5	－1,456.6
買掛金および未払金	－242.1	－100.6
退職給付債務	－70.1	－78.3
繰り延べ税金負債	－22.7	0
金融商品　スワップ	－9.5	0
負債合計	－3,193.4	－3,204.8

郵便はがき

1608790

826

料金受取人払郵便

新宿支店承認

7188

差出有効期間
平成32年3月
31日まで

東京都新宿区
西新宿7-9-18 6F
パンローリング(株)

資料請求係 行

投資に役立つ
資料無料進呈

小社の本をご購読いただいたお礼に、ご希望の読者の方には他では得られない、資料を差し上げます。

- ▶投資に役立つ書籍やDVDのカタログ
- ▶投資実践家のためのパソコンソフトカタログ
- ▶その他、がんばる投資家のための資料

**あなたが賢明なる投資家になるための資料がいっぱい！
さあ、今すぐご記入の上ご請求ください。**

資 料 請 求 カ ー ド

ご購読ありがとうございました。本書をご購読いただいたお礼に、投資に役立つ資料(投資ソフト・書籍・セミナーのカタログ etc...)をお送りいたします。ご希望の方は郵送かFAXでこのカードをお送りください。

●どこで、本書をお知りになりましたか?

1.新聞・雑誌(紙名・誌名　　　　　　　　　　　　　　　　　　　　　　　　)
2.TV・ラジオ　3.ポスター・チラシを見て　4.書店で実物を見て　5.知人にすすめられて
6.小社の案内(a.ホームページ　b.他の書籍の案内　c.DM)　7.その他(　　　　　　　　)

●ご購入いただいたきっかけは?

1.著者に興味がある　2.内容に興味がある　3.タイトルに惹かれて　4.わかりやすそう　5.装丁
6.その他(　　　　　　　　　　　　　　　　　　　　　　　　　　　　　　　　)

●本書についてのご感想をお書きください。

電子メール(info@panrolling.com)でもお送りください。
ホームページで書評として採用させていただく方には、図書カード500円分を差し上げます。

ご購入書籍名		
ご購入書店様名	書店様所在地	
フリガナ お名前	性別	男・女
	年齢	
住所 〒		
電話番号		
電子メールアドレス		

資料請求はコチラからでもOK　　FAX:**03-5386-7393**
E-mail:**info@panrolling.com**

極めて大きい。

しかし、事態はそれほど単純ではなかった。

流動資産に目を向けると、それらは主に在庫から成っていることが分かるが、すなわちそれは土地であり、評価減が行われる可能性はいまだ高かった。同社は2億0800万ポンド切り下げたが、48億3000万ポンドという在庫の水準に照らせば、たった4.3％とかなり控えめな切り下げのように思われる。つまるところ、市場の状況は見通しが極めて厳しい（経営陣が業績発表で繰り返していた）ことを示唆していた。

それゆえ、株価に比べてネット・ネットがとても大きいように見えても、将来にわたって相当なダウンサイドのリスクがありそうであった。

実際のところ、あまりに大きいリスクである。

持久戦

このような下向きのトレンドが確立すると、それを否定する力が作用するようになるまでにはかなりの時間を要することになる。住宅建設セクターは面白い存在になったということもできるが、その時点においては一歩引いたままでいたほうが良いと、われわれは考えた。

今は住宅メーカーを観察し続け、彼らの資料に丹念に目を通すことが重要であった。彼らはみな、多かれ少なかれ、業界全体に影響をもたらす同じトレンドについて報告しなければならなかった。仮にそのうちの1社が所有する土地の価値を切り下げなければならないとしたら、ほかのすべての企業が同様の圧力（地域などによって違いはあるにせよ）にさらされることは確実である。

業界全体の痛みが現れるのを待ち、どの企業が最初に大きな評価損を発表し、救済資金の調達を行おうとするかを観察するだけのことであった。

そして、2008年６月、テイラー・ウィンピーが所有する土地と建設用地の価値を６億6000万ポンド切り下げ、株主からの資金調達を目論んでいることを発表した。もうひとつの住宅メーカーであるマッカーシー・アンド・ストーンは債務のうち８億ポンドほどを繰り延べるべく銀行と交渉していると伝えられた。その夏の間、イギリスの住宅セクターから伝えられるニュースは業界が直面する困難を浮き彫りにするものばかりであった。６月、イギリスで建設された新規住宅の件数は前年から60％近く減少したことが伝えられる。すべての住宅メーカーの株価は直近の高値から大きく下落したが、投資家にとっては大きな潜在的価値が生まれたことになる。

　2008年を通じて業界には何ら幸せな話題はなかったが、2009年に入ると事態は改善し始めたようである。いくばくかの安定を取り戻し、もはや業界の生死が問われることはなくなった。

　2009年９月23日には、バラット・ディベロップメンツが第三者割当増資を発表し、７億2000万ドルを調達した。その月にレッドロー（１億5600万ドル）、ガリフォード・トライ（１億2500万ドル）、ボビス・ホームズ（6000万ドル）などほかの住宅メーカー数社も同様の行動を起こした。ベルウエーは８月に4400万ポンドを調達していた。

　７億2000万ポンドの調達は、バラット・ディベロップメンツにとっては比較的大きなもの（６億1840株の新株を発行した）であったが、資本を再構成し、再び土地を買い始めるためには多額の資金が必要なのは明らかであった。幸運にも、これから取得する土地の価格は直近の高値からすれば大幅に安く、バラット・ディベロップメンツは利益率を改善させられることになる。

　また、取締役会は、第三者割当増資の完了を条件に、既存の資金調達契約を改定したと発表した。銀行は資金の一部を提供するが、さらなる資金はバラット・ディベロップメンツの株主から調達されることになる。これは重要な展開であった。同社の資本はすでに再構成され

た。これによって、市場でのさらなる圧力にも耐えることができ、しばらくの間は安定することになる。

　いまや、前向きな兆候を探し始めるときである。住宅メーカーはもはや土地の評価を下げる必要はないのではないか。さらに良いことに、再び土地を取得し始める企業があるのではないか。これは極めて重大である。土地の価格が安定し、住宅メーカーが貸借対照表に計上している土地の評価が現実に近づく兆候となる。大きく切り下げられるリスクは大幅に低下し、ネット・ネットの価額が信頼に足るものとなるわけだ。

投資に至るケーススタディ

　2011年11月になって、そのような前向きな兆候が現れ、われわれは再びバラットを真剣に検討し始めた。

　90ペンスを付けた株価は下落を続けていた。そのころわれわれはボビス・ホームズの株式を一部売却していた。同社は貸借対照表の評価からすると割安に思えたのだが、やがて早い段階で自信を持ってこのセクターに戻ったことが報われることになった。住宅メーカーの多くが追加資本を調達し、業界が支払い不能に陥るという目の前の危険性が去ったように思われたことがこの自信の源にある。これは確かに良いニュースであった。業界はいまだ住宅ローンの利用可能性が低いことから影響を受けてはいたが、これらの企業はその困難に太刀打ちできる、かなり強固な立場にあったのである。

　バラット株は、センチメントの改善に影響を受けているようであった。2011年9月14日、同社は2011年6月30日を末とする年間決算を発表した。競合他社同様に、すべての点で経営環境が改善していることが示された。

　われわれが入手した貸借対照表は**表11.2**のとおりである。

ネット・ネットの運転資本は15億8620万ポンドとなる。発行済み株式総数が9億6140万株であるので、1株当たりのネット・ネットの運転資本は164ペンスということになる（このときの株価が90ペンスであることを想起されたい）。

　2008年6月30日以降、貸借対照表がどのように変化したかを見ると興味深い。借り入れの合計額は16億8500万ポンドであったものが、4億1650万ポンドまで減少している。同社は2009年の資金調達以降、明らかに復調しているのだ。

　同社会長は「利益率を改善する新たな地平」との銘のもと次のように述べている。

「2009年半ばに改めて土地の取得を開始致しましたが、土地の取得は2年間にわたり成功し、合計9億8130万ポンドを投じることとなりました。およそ2万2000件の建設予定地を確保致しました。これは将来の成長と利益率の増大の礎となるものであります……」

　声明のすべては前向きなものであり、競合他社の声明とも軌を一にするものであった。住宅メーカーのほとんどが再び土地を買い始めていた。直近の土地の取得コストはより低いので、利益率や収益性は増大することになる。

　イギリスの住宅市場をほかの市場よりも魅力的なものとしている要素は幾つかあった。例えば、アイルランドは供給過剰、スペインも供給過剰、アメリカは住宅ローンの担保権執行といった具合である。

　近年の深刻な不景気にあったときでも、イギリスでは住宅が著しく不足していることを業界は知っていた。景気が低迷する以前、人口増大による需要に応えるためには2016年までに毎年24万件の住宅が必要になるという政府の予想に対して、住宅戸数は年に18万5000件増大したにすぎなかった。2008年から2009年にかけての予想住宅着工件数はたった8万件であった。

　これによって市場の見通しは強固なものとなった。イギリスにおい

表11.2

流動資産	単位＝100万ポンド
在庫	3,296.8
売掛金および未収収益	58.7
現金および現金同等物	72.7
未収還付税額	3.2
流動資産合計	3,431.4

負債	単位＝100万ポンド
固定負債	
借入	−405.5
買掛金および未払金	−352.5
退職給付債務	−11.8
金融商品　スワップ	−37.0
固定負債合計	−806.8
流動負債	
借入金	−11.2
買掛金および未払費用	−1,027.2
負債合計	−1,845.2

て住宅建設業界の回復の主たる障害となっていたのは、利用できる住宅ローンが不足していたことにあり、売れ残った新規住宅が過剰となったことではなかった。

そこでわれわれは、2011年11月に90ペンスでバラット・ディベロップメンツを買ったのである。

結果

2012年11月までに住宅メーカーの収益性は回復期に入り、それは向こう数年間続くように思われた。2013年に本書の初版をしたためている時点で、多くの住宅メーカーの株式はNAV（純資産価値）をわずかに上回る価格で取引されていた。市場は再び利益に目を向け始めたのである。健全な貸借対照表を求める風潮は、いつもどおりの損益計算書への注目に取ってかわられたわけだが、これは次なるサイクルのピ

ークを付けるまで株価を押し上げ続けるはずだと考えた。

　将来的には保有する土地をより高い価額に評価替えできる住宅メーカーも出てくるだろうと考えた。これは貸借対照表には極めて前向きな影響を与えることになる。初版に同社のケーススタディを盛り込んだときには、継続投資として取り上げたが、同社が本来の姿を取り戻すまでにはまだしばらくかかるだろうと考えていたわけで、いまや売却を検討すべきときとなった。初版執筆時、バラット・ディベロップメンツの株価は330ペンスを付け、267％の上昇となっている。

　その後、住宅建設セクターの経営環境は概して好調で、その結果、バラットの株価は力強く上昇を続けていた。われわれは残りのバラット・ディベロップメンツ株を2015年8月に652ペンスで売却したのである。

第12章
MJグリーソン

MJ Gleeson

> 買い　101ペンス（平均価格、多くの株式は2009年を通じて取得）
> 初版では継続保有　337ペンス（2013年6月）
> 売り　566ペンス（2016年1月）

企業のバックグラウンド

　1960年にロンドン証券取引所に上場したMJグリーソンは、現在100年を超える歴史を有している。同社は、建設および資材セクターに属する。

　同社は主に2つの部門からなる。イングランド北部での住宅建設とイングランド南部における戦略不動産部門である。後者の存在がMJグリーソンをユニークな企業としており、同じセクター内のほかの企業との安易な比較を難しくしてもいる。この戦略不動産部門の存在こそが、われわれが投資を行った主たる理由である。

　バラット・ディベロップメンツよりもはるかに分散された企業であるMJグリーソンも、2008～2011年にかけてバラットやほかの住宅メーカーを襲ったものと同じ圧力にさらされていた。MJグリーソンはそれに異なる方法で対応した。極めて珍しいことに、同社は無借金経営を続けていたが、これは資産の減損や評価減に直面したときにははるかに優位となる。

　私が初めてMJグリーソンに注目したのは、建設セクター全体が大きな圧力にさらされ、株式が全般的に下落していた（バラット・ディベロップメンツの章で説明した経過である）2008年の夏のことである。

MJグリーソンの2008年の初値は300ペンスを超えていたが、その年57ペンスという安値を付けることになった。

投資に至るケーススタディ

2009年2月25日に発表された業績は、私が投資を行ううえで重要な役割を演じることになった。2008年12月31日時点での貸借対照表（バランスシート）は**表12.1**のとおりである。

ネット・ネットの運転資本は9864万9000ポンドで、当時の発行済み株式総数が5233万4000株であったので、1株当たりのネット・ネットの運転資本は188ペンス（当時の株価は109ペンス）ということになる。

この貸借対照表の構成をバラット・ディベロップメンツのそれと比較すると面白い。MJグリーソンには借り入れがない。バラットは16億8500万ポンドの借り入れを抱えたまま不況に突入した。われわれが注目し始めた時点で、両社ともに最悪の不況に直面せざるを得なかったのだが、借り入れのないMJグリーソンは貸借対照表に対する圧力を軽減することができた。

バラットの章で議論したとおり、住宅メーカーは不況期に資産評価を切り下げることになるが、それと同時に借り入れの水準は変わらない。このような致命的な要素の少なくともひとつがMJグリーソンには当てはまらなかった。MJグリーソンは、多かれ少なかれ、ほかの住宅メーカーと同じように保有する土地の評価額を切り下げなければならなかった。しかし、たとえMJグリーソンが在庫の価値を半減させなければならなかった（黙示録さながらのワーストケース・シナリオである）としても、ネット・ネットの運転資本は5991万5500ポンド、1株当たりにすれば114ペンス（株価は109ペンス）となる。

一方で、もしそれと同じことになれば、バラットにとっては壊滅的なものとなったであろう。同社の数字に基づけば、在庫を50％切り下

表12.1

流動資産	単位＝1000ポンド
在庫	77,359
売掛金および未収収益	61,838
未収還付税額	1,893
現金および現金同等物	7,078
流動資産合計	148,168

負債の部	単位＝1000ポンド
流動負債	
買掛金および未払費用	−42,390
引当金	−2,401
固定負債	
引当金	−4,400
繰り延べ税金負債	−328
負債合計	−49,519

げると、運転資本は25億ポンドものマイナスとなる。同社は極めて大きな困難に巻き込まれたことであろう。

　当時、不況がどれほどひどいものとなるか分からなかったが、どちらの企業を選好するかは私には分かっていた。MJグリーソンは、バラット・ディベロップメンツよりもはるかに大きな安全域をもたらすのである。同社の構造をさらに詳しく見てみると、南部における事業は、建設許可が出るやほかの住宅メーカーに売却することを目的とした土地の取得に特化している。大恐慌でも生き残ることができるであろう

イギリスの住宅市場はロンドンと南東部のそれである。つまり、やがて停滞期が過ぎれば、同社はとりわけ優位な立場に立つことになるわけだ。

それゆえわれわれは同社の株式を109ペンスで取得しはじめ、2009年を通じて平均101ペンスでポジションを構築したのである。

結果

2009年9月24日、同社は決算速報を発表したが、そこでは資産が4460万ポンド切り下げられ、税引き前で損失となったが、現金残高が1600万ポンドまで増大したことが示されていた。この決算の結果、ネット・ネットの運転資本は8130万ポンド、1株当たりにすると155ペンスとなる。

業界ならびに経済全体のトレンドは下向きであったが、われわれの取得価格に比べれば安全域が残されていた。この財務資料は過去を扱ったものではあるけれども、MJグリーソンは年末以降、買い手の購買意欲にいくばくかの改善の兆しが見られたと述べている。

われわれはさらに良いニュースを待たなければならなかった。2010年2月24日に半期報告がなされると、前回の発表から確実な改善が見て取れた。公表された主たるポイントを挙げると次のとおりである。

- 通常の営業収益は17％増大
- 通常の営業活動による税引き前利益は30万ポンド（2008年は2370万ポンドの損失）
- 期末の純現金残高は950万ポンド増大し、2040万ポンド
- 余剰資金を算出した結果、取締役会は1株当たり15ペンスの特別配当を支払うことを決定

そうこなくっちゃ！　ネット・ネットの運転資本はいまや7730万ポンド、1株当たりでは147ペンスとなった。最悪の事態は去ったようである。

この段階では収益率はわずかなものであったが、資産の切り下げは終わったようであり、自信も回復していた。特別配当の支払いは歓迎すべきニュースであり、同社の経営陣が近い将来の見通しに自信を抱いている証しでもある。

今回のように投資先が特別配当を支払うのは珍しいケースである。余剰資金を株主に還元するのは良いアイデアであるが、おかしな買収や不適切な自社株買いに現金が費消されることが多い。バリュー投資家は株式の自社株買いを好むが、それはNAV（純資産価値）に対して割安な価格で行われ、それゆえに自らの投資の1株当たりのNAVが増大する場合に限ったことである。残念ながら、NAVに対してプレミアムを付けて自社株買いをする場合がほとんどであり、それは元来の株式のNAVを無視して、1株当たり利益を増大させようとするものである。こうすることで1株当たり利益の目標を達成し、また経営陣の株式オプションのスキームをより良く機能させることになるので、経営陣はこれを好むことが多い。

不況が定着するにつれ、経営陣も必要に応じて事業部門を売却するなり、閉鎖するなどの是正措置を取った。公営住宅のメンテナンス事業（同社の北部における住宅建設事業の一部）は売却され（利益を上げた）、グリーソン・コマーシャル・プロパティ・ディベロップメントは保有する商業物件を処分した。一方で、南部における不動産部門はそのままとされたのである。

2013年6月に初版をしたためていた時点において、MJグリーソン株は337ペンス（234％の上昇）で取引されていた。それでもNAVに対しては割安であり、それまでのところ株価はほかの住宅メーカーほど強い反応を示してはいなかった。私はやがてそうなるであろうし、さ

第２部　ディープバリューの成功例

もなければ業界内で統合の動きが見られるか、買収に興味を示す企業が１つ、２つ現れるであろうと考えていた。イングランド南部の建設用地が「不足」していることに幾つかの住宅メーカーは言及していたが、そこはまさにMJグリーソンの戦略的不動産部門が土地を有している地域である。

　われわれはかなりリラックスして様子を眺めていた。われわれがとりわけ注視していた側面が１つだけある。「税金」に関するもので、同社は「無期限に繰り延べることができる欠損金が8900万ポンド」あると発表していた。この欠損金はMJグリーソンの時価総額に比べるとかなり大きなもので、たとえ実際には前向きな要因だとしても、注目に値するものであった（税務上、これらの欠損金は優位となるが、いずれにせよ同社の時価総額を勘案すればかなり大きな金額であった）。

　初版の刊行以降、MJグリーソンはバラット・ディベロップメンツ同様に、極めて良好な経済環境で事業を営んでおり、両社とも（セクタ

ー内のほかの企業同様に)何年間にもわたり優れた業績を発表していたが、それは本書を執筆している2017年11月時点においても続いている。

　最終的にわれわれは2016年1月に566ペンスで売却し、利益はおよそ414％となった。株価は極めて堅調であったが、たとえ経営環境が良好であり続けたとしても、同時に「完璧な株価(priced to perfection)」だと思えるまでに上昇してもいた。このため、いかなるネガティブな展開も株価に悪い影響を与える可能性があった。状況が良い間に利益を確定してしまったほうが良いこともある。

第13章
パンミュア・ゴードン・アンド・カンパニー
Panmure Gordon & Co

> 買い　64.5ペンス（平均株価、2015年10月に取得し、その後2016年を通して取得）
> 売り　100ペンス（買収、2017年3月公表）

　パンミュア・ゴードン・アンド・カンパニーは長い歴史を誇る、シティでも有名な証券会社である。実は私は同社で長らく働いていた。前述のとおり、1980年代、同社において私はバリュー投資について学んだのだが、1987年の暴落はベンジャミン・グレアムの**『賢明なる投資家』**（パンローリング）を読み直す良いタイミングだと顧客に教えられたのである。

　サッチャー政権がシティ・オブ・ロンドンのビッグバン改革に取り組む最中、同社はアメリカの地方銀行に売却され、同銀行はその後、ドイツの州立銀行に買収された。その後も幾つかの所有者の手を経ることになる。同社はやがて2005年4月にロンドン証券取引所に上場する。2015年後半、株価は長きにわたる下落トレンドにあった。その年、私が初めて注目したときには、株価は97ペンスであった。ちなみに、その年の高値は154ペンスである。2013年には225ペンスもの高値で取引されていた。直前の下値は2014年の112ペンスである。

　この手の企業の利益は往々にしてボラティリティが高く、市場のセンチメントと、その結果としての取引量に大いに依存することになる。この浮き沈みの激しい収益のボラティリティは証券事業の特徴であり、多くの証券会社がウエルスマネジメントやコーポレートファイナンスなどの事業——ある程度はより安定した収益環境を生み出すことがで

きる——に手を広げることで、それを相殺しようと務めている。私がパンミュア・ゴードン・アンド・カンパニーで働いていた間は、同社は十分な規模の個人顧客部門を誇っており、それによって口座維持手数料および取引手数料収益を生み出すことができた。つまり、手数料収入が安定しているということであり、平時には価値のあるものであった。

同社が有していた、もうひとつのとりわけ重要な部門がコーポレートファイナンスである。パンミュア・ゴードン・アンド・カンパニーをシティで有名にしたのはこの部門である。同部門はロンドン証券取引所に上場している法人顧客を相手としていた。同部門が生み出す手数料は、それでもボラティリティは高かったが、平年の業績を押し上げることができた。概して、法人顧客が多ければ多いほど良い（もちろん、顧客の時価総額や成長見通しに依存する）のである。これらの手数料収入はさまざまな形でもたらされる。つまり、法人顧客の新規公開や、資金調達、毎年のリテイナーズフィーなどである。さらには、ブローカーでもあるパンミュア・ゴードン・アンド・カンパニーは、顧客である法人の株式を最大限割り当てられることが期待されたのである。

つまり、全体としてみれば、法人顧客部門が大きく、かつ活発であるかどうかが、このような企業の業績を左右したのだ。また、それがある種の堀（モート）にもなる。なぜなら、法人向けのブローカーは、ほとんどの機関投資家が新規公開株を手にしたり、割当増資（特定の価格で株式を取得することを約する法人取引で、当初の株主にはそれらの株式を取得する優先権が与えられているが、それを拒否した場合にほかの投資家が参加することが可能となる。証券会社は、売れ残った株式を買い取るという「やっかいな」立場にあるので、そのリスクに対して、手数料が支払われる）に参加するためには取引をせざるを得ないような立場にあるからである。株式市場が上昇傾向にあるとき

は、当然ながらIPO（新規株式公開）の数も増大し、これらの部門が活躍する場が生まれる。不景気になれば、毀損した貸借対照表（バランスシート）を健全化させるための救済措置としての割当増資という仕事が生まれるわけだ。また、法人顧客がライバル企業の買収に乗り出せば（もしくは、反対にライバル企業が法人顧客に買収を仕掛ければ）、手数料を確保することができる。これらすべての取引が巨額の収入を生むのである。

このような追加的な収益源を持たず、それゆえセカンダリー市場における日々の取引にばかり依存している証券会社は、それでも大きな収益を上げられはするが、市場が低迷すれば必然的に影響を被ることになる。彼らは取引量が減少したときに、頼るべきものがない。

投資に至るケーススタディ

2015年後半に再びパンミュア・ゴードン・アンド・カンパニーに目を向けたとき、同社はすでに個人顧客部門を有してはいなかったが、重要な法人顧客部門は残っていた。

2015年9月29日に公表された半期リポートが直近の業績であった。そこでは2014年上半期の利益が200万ポンドであったのに対し、税引き前で20万ポンドの損失となったことが示されていた。1株当たりの損失は、2014年上半期が1株当たり10ペンスの利益であったのに対し、1.09ペンスである。貸借対照表には負債は計上されていなかった。

業績の主たるポイントは次のとおりである。

- 手数料の純収益ならびにトレード収益は6％増大
- 2015年7月、チャールズ・スタンレー・セキュリティーズを買収
- 顧客（法人顧客）数は2014年12月で124社から142社に増加

フィリップ・ウエールCEO(最高経営責任者)は次のようにコメントしている。

「本年上半期は、イギリスでの選挙や、中国市場の激しいボラティリティ、ギリシャの政治的・経済的影響など、外部における政治的・経済的要因によって厳しい環境にありました。そのような厳しい環境にもかかわらず、全体の金額は小さいとは言え、2014年同様の件数の法人取引を遂行できたことを喜ばしく思っています」

2015年6月30日時点における、貸借対照表を要約すると、**表13.1**のようになる。

ネット・ネットを算出する(流動資産の合計額からすべての負債を差し引く)と、1647万ポンドとなる。当時の発行済み株式総数の加重平均は1554万5473株なので、90ペンスの株価に対し、1株当たりのネット・ネットは1.06ポンドとなる。われわれは、パンミュア・ゴードン・アンド・カンパニーで小規模なポジションを構築し始めることを決めた。なぜパンミュア・ゴードン・アンド・カンパニーであって、同業他社ではなかったのか。2016年4月時点で私が比較に用いた上場している証券会社は、アーデン・パートナーズ、ヌミス・コーポレーション、WH・アイルランド・グループである(**表13.2**)。

定量的には、アーデン・パートナーズはパンミュア・ゴードン・アンド・カンパニーよりも割安であったが、パンミュア・ゴードン・アンド・カンパニーのほうが法人顧客数が多く、それら顧客による資金調達額がより多いことから恩恵を受けていることは明らかであった。その点ではヌミス・コーポレーションのほうが優れていたのだが、結果として株価のバリュエーションがより高かったのである。

この比較を行ったことで、私は安心してパンミュア・ゴードン・アンド・カンパニーを保有することができた。つまり、定量的に割安に見えたが、貸借対照表を見たときには分からなかった法人顧客のリストが隠れた資産として存在していた。割安さ、取締役会の楽観論、相

表13.1

資産の部	単位＝1000ポンド
無形資産	13,201
有形固定資産	1,922
投資有価証券	100
繰り延べ税金資産	523
その他未収入金	471
固定資産合計	**16,217**
売買目的投資有価証券	8,600
売掛金および未収収益	41,402
現金および現金同等物	4,254
流動資産合計	**54,256**
負債の部	
流動負債	
買掛金	−31,532
租税公課および社会保険	−562
未払い法人税	−195
その他未払い金	−2,465
トレーディング商品	−1,922
流動負債合計	**−36,676**
繰り延べ税金負債	−1,109
固定負債合計	**−1,109**
純流動資産	**17,580**

表13.2

	アーデン	パンミュア・ゴードン	ヌミス	WHアイルランド
株価	25ペンス	59ペンス	211ペンス	91ペンス
１株当たりのネット・ネット	40ペンス	66ペンス	97ペンス	11ペンス
法人顧客数	42	152	183	98
平均年収	13.7万ポンド	18.1万ポンド	46.6万ポンド	12.6万ポンド
法人顧客による資金調達額	4400万ポンド	5億ポンド	20億ポンド	7500万ポンド

当数の法人顧客を抱えた適切なファンダメンタルズが組み合わされば、魅力的な投資対象となる。パンミュア・ゴードン・アンド・カンパニーは、利益が常に大きく変動する業界において、140年以上にわたって事業を営んできた。そのような企業の貸借対照表は、往々にして流動性が高く、概してPER（株価収益率）が低いものであるが、それは投資対象たり得ないことを意味するものではない。

　われわれが投資したあとも株価は下落を続けたので、われわれは買い増していった。2016年４月になって、われわれは大量保有報告（つまり３％）をするだけの株式を取得したことを発表した。平均取得価格は64.5ペンスである。

　新たに投資を行うとき、私は注意深く取り掛かることにしている。ポジションを持てば、その企業をさらに入念に観察せざるを得なくなる。重要なことに、時間がたつにつれて、その企業、さらには市場のものの見方を感じ取れるようになる。私はその会社が割安だと考えているわけだが、ある時点において市場がそれに同意する必要がある。だが、はるかに安い株価でなければそうならないかもしれない。とりわけ小

型株という流動性の低い世界においては、企業は「わなかご」のように振る舞うことを覚えておいたほうがよい。つまり、入るは易く、出るは難いのだ。

　厳密に言えば、株価が下落するにつれて魅力度が増していったにもかかわらず（実際に貸借対照表は引き続き健全であったので、買い増しは説得力あるものであった）、われわれがパンミュア・ゴードン・アンド・カンパニー株を３％しか買わなかった主たる理由はこのような懸念があったからである。

結果

　2016年９月27日、パンミュア・ゴードン・アンド・カンパニーは半期業績を発表したが、同社はリストラクチャリングののち、わずかながらも黒字を回復し、税引き前利益が20万ポンド、利益は1.08ペンスとなった。CEOは次のようにコメントしている。

　「EU離脱を巡る国民投票を前に市場がボラティリティを増すなかにあって、本年も好調なスタートを切ることができたことを報告します。７月および８月の事業活動は引き続き楽観的で……」

　ネット・ネットは73ペンスとなった。これは当初同社に注目したときよりも低いものであったが、この業界の特徴（前述のとおり、景気循環により利益のボラティリティが極めて大きい）であり、少なくとも同社は黒字に転換していた。素晴らしい状況ではなかったが、正しい方向には進んでいたのである。

　また、公開買い付けの機運が高まっているようであった。ロンドンの証券会社は長らく不況にあえいでいた。不安定な市場に息つく暇もなく、自分たちでは管理できない外部要因によって安定してお金を稼ぐことが難しくなっていたのである。結果として、過去数年にわたり、彼らは大幅な費用削減を行ったが、幾つかを除き、すべての証券会社

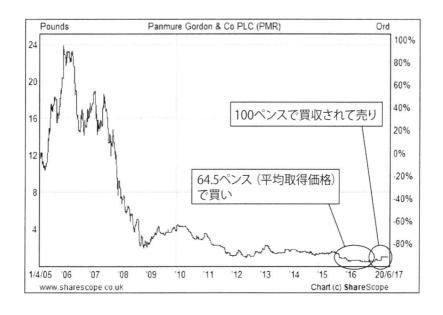

が利益を上げていなかったのである。このようにロンドン市場が飽和状態になれば、ある時点でセクター内での統合が始まることになる。また、導入が目前に迫ったMiFID II(第2次金融商品市場指令)という新たな規制の枠組みが業界にさらなる激変をもたらすのは確実であった。

　パンミュア・ゴードン・アンド・カンパニーはすでに財政を立て直し、いまや収益力も回復し、同社の法人顧客はさらに活発になっているので、取引の規模も再び増大することが期待される。私からしてみれば、同社はこのセクターにおいて最も魅力的な買収候補のように思えた。同社に注目している企業があるとの噂もあったが、買収に乗り出す企業はなかった。

　パンミュア・ゴードン・アンド・カンパニーの買収提案が発表されたのは、2017年3月17日である。買い手はQインベストLLCならびにアトラス・マーシャント・キャピタルLLCが運営するファンドの子会

社が保有・経営していたエルスワーシー・リミテッドである。この買収は1株当たり100ペンスの現金をもって行われることになったが、それはわれわれの平均取得価格に対して55％の利益をもたらすことになる。

　バークレイズ銀行のボブ・ダイアモンド元CEOが創業したアトラス・マーシャント・キャピタルは、金融サービス業界での投資機会を追及していた。パンミュア・ゴードン・アンド・カンパニーの法人顧客リストを見れば、魅力的と思われても驚くに値しない。買収にあたって支払われる価格はまさにNAV（純資産価値）でしかなく、同社の価値を最大限に勘案したものとは言えなかったが、私はパンミュア・ゴードン・アンド・カンパニーが新たな安定株主を得て、再び大きな仕事に取り組むことを見てみたかったし、この投資から適度な利益を獲得することができたので良しとすることにした。

第14章
三信電気
Sanshin Electronics

> 買い　820円75銭（2014年7月）
> 売り　1229円99銭（2015年9月）
> 再度買い　885円98銭（2016年4月）
> 再度売り　1721円35銭（2017年10月）

　本書のほかの章からは逸脱するが、三信電気は日本の上場銘柄である。本書の初版でも記したが、ディープバリュー投資、とりわけベンジャミン・グレアムが焦点を当てるネット・ネット株はまさにあらゆる場所で等しく有効（所有権を支持する、長く確立された法的枠組みがある市場に適用するかぎり）なのである。

　日本市場は、ネット・ネットの手法を採る者たちにとっては、うれしい猟場であることは長く知られている。私は、ネット・ネット株は言うまでもなく、これほど多くのバリュー株が存在する外国市場に出合ったことがない。PER（株価収益率）も適度で、英語の決算報告もあり、また妥当である。つまり、年に2回以上開示される。これは、必ずしもほかの外国市場で当てはまることではない。ヨーロッパの市場（私は休暇でその地に足を運び、また彼らの温かいもてなしに感謝しているので、ここでは名前を伏せる）のなかには、会計処理があいまいで、時代遅れなものであるところもあり、高い格付けを得ながらも多額の負債を抱えている企業があったりもする。日本ではそのようなことはない。

　カナダの有名なバリュー投資家であるピーター・カンディルは日本に多くの時間を費やし、多くの日本株をしばし保有していた。彼は行動力ある投資家で、投資機会を求めて世界中を旅していた。彼は毎年、

株式市場のパフォーマンスが最も悪かった国を訪問するが、それは彼が私に語ったところによれば、「そこには掘り出し物がある」からである（起業家精神にあふれた読者のために、全日本航空はイギリス・日本間を1日に何便も飛ばしている。さらなる情報はwww.ana.co.jpを参照されたい）。

日本市場にはイギリス市場に比べて多くの選択肢がある。イギリス市場で15件の投資候補を見つけることができるとしたら、日本では50件は見つけることができるであろう。そのうえ、それらの日本株のほうが時価総額がはるかに大きく、それだけ取引も容易なのだ。しかし、見いだすのは難しくはないけれども、それら全体がイギリス株よりも優れているというわけではない。日本のネット・ネット株の多くが精彩を欠いたパフォーマンスしか示さない。それらはゾンビ株である。だが、株価がネット・ネットの状態にあり、それでいて黒字で、配当を支払い、現金残高だけを考えても割安に取得できる株式を日本では見いだすことができるということは特筆に値する。文句はなかろう。

そして、多くのネット・ネットの日本株がいつまでも精彩を欠いたパフォーマンスを示し続けるわけではない。過去数年にわたり、日本では小型株で、それまでにはほとんど見られることのなかった企業活動が増大している。これまでは、日本に投資を行った多くの投資家が数年後に失望して退散してきた。アクティビスト投資家は日本株式会社に単純に無視されることが多く、信じられないことに、日本で初めての敵対的買収が行われたのは2000年になってからである。これは村上世彰が手掛けたものであるが、その後も案件の多くは彼が行ったものである。今になってやっと、積極的に行動を起こし、経営陣に余剰資金を還元することを求め、株主に対してもっと友好的に行動するよう圧力をかける投資家が出てきたのである。この展開は歓迎すべきものである。日本で割安株を見いだし、取得することは容易であるが、それらの市場価値を変える現実的なキッカケがなければ、向こう何年に

もわたり横ばいを続けることになりかねないのである。

企業のバックグラウンド

1951年に設立された三信電気が東京証券取引所に上場したのは1996年である。現在、746人の従業員を抱え、アジア全域に販売網を持ち、アメリカとイギリスにオフィスを構えている。

同社のウェブサイトには次のようにある。

「グローバル商社である三信電気は、世界中の市場で新しい革新的な製品や技術、ベンチャーキャピタリストを探し求めています。世界的な販売網を求める外国および国内メーカーを新たに見いだすことはわれわれの目的のひとつであります。われわれが持つ世界的な販売網を通じて、新たな事業機会を提供できるものと考えております」

投資に至るケーススタディ

日本で最も著名な乗っ取り屋である村上世彰は、数年間にわたり三信電気の株式を6％保有していた。彼は攻撃的な戦術を取ることで知られ、現経営陣に対し資産をもっと「働かせ」、自社株買いを実行し、より多額の配当を支払うよう求めた。

私はそれ以前にも三信電気の株式を取得したことがあり、2014年7月に820円75銭で買い、2015年9月に1229円99銭で売却した。われわれが株式を買った時、同社の株式は典型的なネット・ネットで、823円の株価に対し、1株当たりのネット・ネットは1919円であった。われわれが株式を売却したのは、三信電気の事業がそれほど良好な展開を見せないなかにあって、株価が短期間に優れたパフォーマンスを示し、48％上昇したからである。私は過去に保有した銘柄が売却後どのようになっているかを調べているので、改めて同社に目を向けたのである。と

いうのも、われわれが投資する銘柄の大多数が極めてシクリカルである傾向にあり、それゆえ、それらの銘柄はその後の下落局面で先の下値まで再び下落している可能性がある。三信電気がまさにそうであった。2016年3月に同社に再び目を向けたとき、株価はすっかり下落しており、かつて以上にネット・ネットの状態となっていた。最新の業績は2016年2月4日に公表されていた。そこで公表されていた2015年12月31日時点の貸借対照表（バランスシート）は**表14.1**のとおりである（2016年1月3日の円・ポンド為替は1ポンド162円である）。

　固定（言い換えれば、非流動）資産が資産合計に比べて極めて少額であることが一目で分かるが、これはこの手の流通企業ではよくあることである。現金と受取手形と売掛金が流動資産合計の73％を占めている。「貸倒引当金」が売掛金に対して極めて少額であるのは良いことであり、売掛金の価値が現実に近い（すわなち、大きなヘアカットは予想されていない）ということである。長期の負債はないも同然であった。

　ネット・ネットは585億9500万円で、発行済み株式総数が2817万9135株であったので、1株当たりのネット・ネットは2079円となる。株価は899円ほどであり、言い換えれば、ネット・ネットの価値の44％であった。

　連結損益計算書を見ると、対象となった9カ月間で、純売上高はデバイス事業の売り上げが低下した影響で、前年比で1.8％の減少となった。利益に関しては、販売費および一般管理費の削減に努めたにもかかわらず、営業利益が前年比で37.8％、経常利益が同じく38.2％の減少となった。これらは主に、純売上高の減少と売上構成の変化に伴う総利益率の低下に起因するものであった。

　つまり、同社は問題がないわけではなかったが、驚くほど割安であることには疑いの余地はなかったのである。

　われわれは2016年4月1日に、1株当たり885円98銭（ドル・ポンド

表14.1

資産の部	単位=100万円	単位=1000ポンド
流動資産		
現預金	13,592	83,901
受取手形および売掛金	57,514	355,025
商品	17,359	107,154
半成工事	453	2,792
その他	4,722	29,148
貸倒引当金	−9	−55
流動資産合計	93,631	577,965
固定資産		
有形固定資産	3,979	24,561
無形固定資産	365	2,253
投資その他資産	2,129	13,142
固定資産合計	6,473	39,963
資産合計	100,104	617,778
負債の部		
流動負債		
支払手形および買掛金	25,375	156,636
短期借入金	10,566	65,222
未払い法人税等	99	611
引当金	302	1,864
その他	1,420	8,765
流動負債合計	37,763	233,104
固定負債合計	486	3,000
負債合計	38,250	236,111

レートは1ポンド161.8円）で三信電気を買ったのである。

結果

　前述のとおり、これは三信電気に対する2度目の投資であったが、イギリスのB・P・マーシュ・アンド・パートナーズの場合と同じように、ディープバリュー投資では珍しいことではない。サイクルを経験する銘柄もあり、それらは高い評価を与えられ、純資産に対して大きなプレミアムが付いて取引されるが、時間が経過するにつれ、再び下落を始め、やがてはバリュエーションに対して割安となる。株価のボラティリティは高くなる（多くの外部要因によって）傾向にあるが、一方で貸借対照表は全体としてより安定しているものなのだ。

　2017年10月、われわれは三信電気のポジションを手仕舞うことに決めた。株価はすでに1730円（1764円の高値を付けることになる）まで上昇していた。これはわれわれの投資がおよそ2倍となったということであり、素晴らしいリターンをもたらすものであった（参考までに2017年10月の円・ポンドは148円70銭）。三信電気の事業は当該期間においてほとんど改善を示しておらず（前回同様）、株価が倍増することを正当化するものは何もないことが確実なので、われわれは売却したのである。株価はいまだネット・ネットの価値よりも低いと言うことはできるが、2016年4月にわれわれが買ったときほど魅力的ではないことも明らかである。事業のファンダメンタルズがほとんど改善しないなかで株価がこのように上昇しているとしたら、投資家は株価の急落につながる何か期待外れのニュースを企業が発表するリスクに直面することになる。

　われわれは過去数年のうちに同社に2回投資を行い、どちらもけっして長期間ではなかったが、良好な成果を得た。私は今後も株価の観察を続け、かつてのような低いバリュエーションで再び三信電気を買

第14章　三信電気

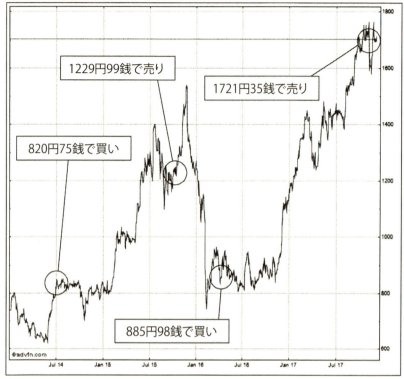

出所＝ADVFN

えるかどうかを見ていくつもりである。

　日本市場は三信電気のような銘柄が数多くある。もうひとつわれわれが保有している日本アンテナは三信電気よりもさらに割安であるが、時価総額はとても小さい。そのような場合、われわれは小さなポジションしか持たない。

　この時点で、為替の変動の影響もあって、外国株へのアロケーションは全体でも小さなものであった。小型株への投資は時間を食うものであり、また渡航費も考慮に入れなければならない。私は、事業の実感を得るために投資対象の企業の経営陣と面会することを好む。第2

139

版で三信電気を紹介したのは、このような投資機会が実際に存在し、またそれら外国株への投資に特化することも容易であることを示したかったからである。

第3部

ディープバリューの失敗例

Deep Value Failures

第15章
RABキャピタル
RAB Capital

> 買い　13ペンス（2010年11月）
> 売り　10ペンス（2011年6月）

　これは、本書で取り上げる投資のうち、さまざまな理由からうまくいかなかった2件のうちの1件である。これらの投資を行った背景となる私の考え、そしてそこから学んだことを明らかにしていこう。結局のところ、投資家であるわれわれは成功と同様に、失敗からもできるかぎりのことを学ばなければならない。

企業のバックグラウンド

　ヘッジファンドの運用会社であるRABキャピタルは、2000年代初頭は大きな成功を収めていたが、幾つかの誤った判断の結果、10年がたったころには行き詰まっていた。そのひとつが、イギリスの銀行であるノーザン・ロックへの投資であった。

　1999年に設立されたRABキャピタルは、2007年末まで素晴らしい投資成果を上げていた。同社のスペシャル・シチュエーションズ・ファンドは有名で、2003年の組成以降、優れたリターンを上げ、世界でも最も成功しているヘッジファンドの1つに数えられていた。預かり資産が30億ドルにもなったこともあった。

　2008年、株式市場、とりわけ銀行株や金融サービス企業株の雰囲気が暗転すると、問題が姿を現し始めた。この時点で、RABのスペシャ

ル・シチュエーションズ・ファンドは経営難のノーザン・ロックのポジションを有していたのである。通常、組み入れがファンドの５％であれば、それ自体は過大ではない。つまるところ、RABキャピタルは大きく賭けることで、これまで素晴らしいリターンを上げてきたのである。

しかし、今回はいつもより事態が複雑であった。メディアは毎日のようにイギリスの銀行業界の危機的な状況、とりわけノーザン・ロックの危機を取り上げていた。スペシャル・シチュエーションズ・ファンドの受益者は平静を失ってしまった。当初は少しずつ行われていた資金の解約はあっという間に解約請求の嵐となってしまった。

ヘッジファンドのほとんどが未上場企業、つまり非公開であるので、世間の目を避けて運営することができる。彼らは自分たちが運用するファンドが健康かどうかを公開する必要はないのである。ファンドが抱えるストレスを知るのはほんのわずかな人々だけで、問題は内々で処理される。だが、RABキャピタルにはこのようなわがままは許されない。ファンドの最新状況を提供するよう強いられたため、問題の存在と解約とが明らかとなると、さらなる解約に拍車がかかってしまった。これらの要求に応えるため、流動性の高い投資先が売却され、一方で流動性の乏しい投資先がファンドに残り、それが将来のさらなる問題の基礎となってしまった。

この終わりなき解約というネガティブなサイクルに終止符を打つために、同社は2011年４月までの３年間に及ぶロックアップを設け、後に改めて解約に応じることを発表した。同社は、ロックアップによって、ファンドの投資先を整理し、流動性を得るだけの時間を確保し、またそのときまでには経済全般が回復しているであろうことを期待した。このすべてがプレッシャーを和らげると期待したのである。

その一方で、RABキャピタルの株価は当然ながら長きにわたり低迷し、2010年の夏には13ペンスとなった。私が同社の研究を始めたのは

そのころである。バリュー投資ではよくあることだが、NAV（純資産価値）に対して大幅に割安となっている銘柄を洗い出すスクリーニングに同社が姿を現したのである。

投資に至るケーススタディ

　RABキャピタルが当時抱えていた問題を読者によりよく理解してもらうために、同社の業績に関する情報を提示していく。割安のように思えるが、回復は期待できたのであろうか。
　2010年7月28日、RABキャピタルは2010年6月30日を末とする半期の決算を発表した。主たるポイントは次のとおりである。

概要

- RABの投資戦略の多くが楽観的なパフォーマンスを示した
- リストラクチャリングを行ったファンドにおいて6300万ドル超の解約を行ったあと、預かり残高は12億6000万ドル（2009年12月時点では13億5000万ドル）となった
- 資金集めには厳しい環境が続いている

半期末の財政状態

- 貸借対照表（バランスシート）は健全で、流動資産ならびに投資の純額は9360万ポンド（2009年12月は9870万ポンド）
- 1株当たりの流動資産ならびに投資の純額は19.8ペンス（2009年12月は20.9ペンス）
- 中間配当額は1株当たり0.10ペンス（2009年6月は0.6ペンス）

- コストベースは引き続き低下

2010年上半期の取引概要

- 純利益は13.6％減の820万ポンド（2009年6月は940万ポンド）
- 税引き前損失は330万ポンド（2009年6月は270万ポンドの損失）
- 希薄化後の1株当たりの損失は0.49ペンス（2009年6月は0.43ペンスの損失）

　会長ならびにCEO（最高経営責任者）の声明に、次のような重要な一節があった。

　「2010年6月30日までの6カ月間にかかるRABキャピタルPLCの半期業績は、過去数カ月にわたる困難な投資環境を反映したものとなりました。第1四半期、厳しい市場にあってもわれわれは概して順調でありましたが、5月と6月はボラティリティが高まり、ロング・ショートの運用者が付加価値を創出する機会を見いだすのが困難でありました。にもかかわらず、RABのクレジット、イベントドリブン、エネルギー関連のすべてのファンドが半期末時点で優れた業績を残しており、とりわけRABエナジーは当該期間において20％を上回るパフォーマンスを上げ、最も困難な時期でさえプラスの業績を残しました。RABスペシャル・シチュエーションズは引き続き流動性を改善させるとともに、半期末までにおよそ4％上昇しました」

　さらに次のように述べられていた。

　「上半期終了後、2つの特定事象によりAUM（受託資産残高）が減少しました。具体的には、石油開発の結果が期待外れであったためにスペシャル・シチュエーションズが投資する銘柄の株価が下落したこと、そしてヨーロッパの銀行がRABのファンド・オブ・ファンズから

表15.1

流動資産	単位＝1000ポンド
売掛金および未収収益	9,935
未収還付税額	3,136
現金および現金同等物	39,757
流動資産合計	52,828
負債	単位＝1000ポンド
負債合計	6,905

資本を引き上げるとの提案がなされたことであります。しかし、当グループは引き続き、戦略を実行に移す好機をとらえており、また事業基盤の効率性を高めるべく取り組みを進めて参ります」

貸借対照表は**表15.1**のとおりである。

ネット・ネットの運転資本は4592万3000ポンドに上った。発行済み株式総数が4億7545万7670株であるので、RABキャピタルの1株当たりのネット・ネットは9.6ペンスとなる。非流動（つまり固定）資産を見ると、合計5673万2000ポンドとなり、そのうち売却可能な金融資産は4482万9000ポンドであった。これは、グループの自己資金が自社のファンドに投じられていることを意味する。

この数値をネット・ネットに加えると、NAVは1株当たりおよそ19ペンスとなる。

資産総額に比して現金残高が多く、貸借対照表の流動性は非常に高いように思われた。2010年11月の時点で、株価は13ペンスである。経営陣が同社の見通しを改善し得る可能性が残っているようにも思われた。リスクがないわけではないが、事業は継続して行われていた。解

約を再開したら、どれほどの金額が引きだされるかが分からないことが大きな問題ではあった。

私が同社に魅力を感じたのは、そのビジネスモデル固有の柔軟性である。敏捷なサービス企業と同様に、同社は収益性を回復するまで、容易に事業を縮小させておくことができる。ひとたびそれを達成し、ある程度の期間を置けば、RABキャピタルの名称を変えてしまうことで過去と決別し、改めて成長することも可能となる。実際のところ、経営陣もそれを望んでいたのである。

それゆえ、私は2010年11月に13ペンスでRABキャピタル株を取得したのである。

結果

残念ながら、時はRABキャピタルの味方をしてくれなかった。2011年4月にスペシャル・シチュエーションズ・ファンドの解約を再開すると、4億7000万ドルのファンド資金のうち3億7000万ドルの解約請求を受けることになった。

これは、控えめに言っても重大である。もともと過去3年間にわたり信託報酬は徴収していなかったので、即座に収益性に影響が出ることはないであろうが、もはやファンドの生き残りが疑問視されるまで、ファンドが縮小してしまった。これがRABキャピタルに対するセンチメントに不利に働くのは当然であった。

同社で成功していたファンドマネジャーの1人——同社はこのファンドマネジャーに再建を期待していたのだ——が辞職したことが終焉の前兆であった。これは彼らのビジネスモデルに付随する大きなリスクであったが、私はそのことに十分な注意を払っていなかったのである。

主要人物にかかるリスクを無視していたことが私の最大の誤りであ

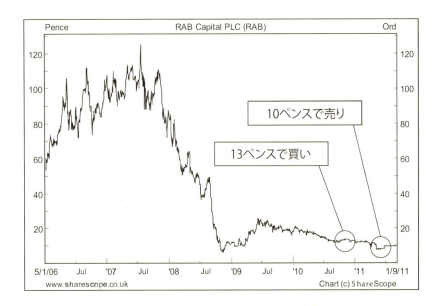

った。このファンドマネジャーが去ったことで、突如、企業全体の生き残りに疑問が抱かれるようになったのである。

2011年6月、RABキャピタルの取締役は株主に対し、1株当たり10ペンスの現金で株式を買い取ることを申し出た。それが、この物語と別れを告げる機会となる。そして、われわれは買い取りに応じた。

1株当たり3ペンス、23％の損失である。

第16章
アビークレスト

Abbeycrest

> 買い　60ペンス（2004年8月）
> 売り　2ペンス（2011年6月）
> 2011年1月　株式取引停止

　私は長年にわたり、幾つもの投資を行ってきているが、幸運にも、そのうち当初は魅力的であっても、時間が経過するにつれバリュートラップへと変わってしまったものはほんのわずかしかない。その1つが、アビークレストである。私がはまったもう1つのバリュートラップであるアレクソン・グループ同様に、同社の主たる問題は運転資本の目減りにあり、それがあらゆるたぐいの問題を引き起こしていた。

　これはすべてのバリュー投資が直面する危険の種である。それは、株価に比べて高いNAV（純資産価値）という安心感の下に潜み隠れている。それにもかかわらず、限界利益または損失は持続可能なように見える。これは単に、より良い時期は再び訪れると期待しているのである。バリュー投資は主にロングオンリーの投資であるからといって、株価の変動そのものはとりわけ心配することではない。ただし、想定されるNAVが安全性の因子として機能し続けるかぎりは、である。時間がたつにつれ、ポートフォリオのなかでのポジションが小さくなり、問題が小さくなっているかのように思えてしまう。実はそれこそが危険なのである。

　これを無視すると企業は崩壊しかねない。アビークレストはまさにそのような企業の1つであった。同社は当時、株価を大きく上回るNAVを有し、自発的にリストラを行える立場にあり、またまっとうな

再生計画を持ってもいたのである。

しかし、失敗した。

企業のバックグラウンド

アビークレストは、ゴールドやシルバーの宝飾品のデザイン、製造、流通を手掛けるグループであった。同社は主に、独立の宝飾品小売業者に商品を提供していたが、アルゴスのカタログでも取り上げられていた。ロンドン証券取引所への新規公開は1998年4月で、個人向け商品のセクターに分類された。

投資に至るケーススタディ

2004年5月、同社に注目し始めたとき、この市場に注力することは不安なことであった。独立の宝飾品小売業は徐々に衰退しており、アルゴスのカタログについても次版では取り上げられないというリスクが付きまとっていた。

ありがたいことに、アビークレストは将来に向けて多くの取り組みを行っていた。生産拠点は、コストのより低い国へと移されていた。アメリカには新たな販売事務所が開設された。アメリカはアビークレストが活動するには優れた環境ではなかった（市場シェアを獲得するのが容易ではない）が、貸借対照表（バランスシート）を基準に見れば、割安であった。また同社が再生を図るには十分な時間が残されていたのである。

2004年5月12日、同社は2004年2月29日を末とする決算速報を発表した。そこでは、同社がいまだ黒字で、配当を支払うことが示されていた。貸借対照表を見ると、ネット・ネットの運転資本は1784万8000ポンドである。発行済み株式総数が2430万株であるので、1株当たり

のネット・ネットは73.5ペンスとなる。一方で、NAVは100ペンスとなった。当時の株価が60ペンスである。これらの数字に基づけば、十分な安全域が存在していた。同社は多額の負債（2040万ポンド）を抱えていたにしても、2003年から2004年にかけて460万ポンドほど減少していた。間違いなく前向きな兆候である。

同社会長は、2004年2月29日までの1年は、グループの再建に向けて大きな変化と進展が見られた年であったと述べていた。同社は、事業を可能なかぎり効率化し、在庫を最小限に抑え、またできるかぎり現金を生み出すことで、黒字を回復し、債務の返済を加速させていた。

われわれは2004年8月に60ペンスで取得した。その年の高値は79ペンス、安値は53ペンスであった。

結果

1年後の2005年5月25日、同社は2005年2月28日を末とする決算を発表した。グループの売上高は15％減の8230万ポンドとなり、1株当たりの損失は2.4ペンスとなった。会長の声明に重要なポイントが含まれていた。

「中国の主要なサプライヤーとの訴訟が災いし、本年の売上高が減少したことで、赤字となりました。債務削減には引き続き取り組んでおり、資本支出が多かった1年にあって、債務が引き続き減少したことは喜ばしく思っています。イギリスの経済環境はアビークレストにとっても引き続き厳しく、重要なクリスマスシーズンの売り上げも概して振るわず、また主要顧客の1社に対する販売が大幅に減少してしまいました。全体としては、イギリスの小売り環境が厳しさを増すなかにあっても、取締役会は、生産拠点をタイに移したことによる費用構造の低減などにより、2006年2月28日を末とする年度の業績見通しには確信を持っております」

素晴らしい内容ではないが、少なくとも債務残高は減少しており、いまだトレンドは変わっていなかった。1株当たりのネット・ネットは昨年の73ペンスに対し68ペンスとなった。毀損していることは疑うべくもないが、安全域はいまだ健在であった。

　しかし、2005年8月22日、同社はかなり不吉な決算報告を発表する。

　「2005年7月22日の年次総会において、宝飾品セクターは可処分所得の減少に苦しむ消費者の需要が低迷していることから影響を受けていること、そして、それがわれわれの顧客の大多数が在庫の取得を控える結果につながっていることを指摘しました。今日までこの傾向は変わっておりません。実際に、最新の統計によれば、先月のイギリスにおける保証付き宝飾品の取引量は前年比で大幅に減少しております。主要顧客ならびに取引先全般からの直近の引き合いは、クリスマス前の重要な時期に買い控えが起きていることを例外なく示しております。その結果、われわれは本年の売り上げ予測を大幅に引き下げることを決断致しました。それゆえ、2006年2月28日を末とする年度は大幅な赤字となることが予想されます。厳しい取引状況にあっても、われわれはこれまでも成功してきたグループ全体でのキャッシュマネジメントならびに運転資本の削減に引き続き取り組んでいく所存です。アビークレストは、健全な資産を裏付けとした財政状態に自信を持っております……」

　2005年11月23日、同社は半期の決算を公表したが、1株当たりの損失は前年同期の7.9ペンスに対し、15.5ペンスとなった。運転資本残高も逼迫し始めている。1株当たりのネット・ネットはいまや45ペンス（65ペンスから減少）となったが、NAVは1株当たり80ペンスとなった。その時の株価が22ペンス（取得時の60ペンスから下落）である。事態は深刻化していた。

　同社会長は次のように述べている。

　「8月に公表した決算報告で指摘したとおり、宝飾品セクターはイギ

リス経済全体の低迷から大きな影響を受けております。実際に、純分検定所の統計によりますと、イギリスにおけるゴールドジュエリーの検定数は1年間でおよそ25％減少しております。消費者の買い渋りに加え、小売業者は取引が厳しさを増すなかで在庫の削減に積極的に取り組んでおります。これが当社のイギリスにおける主要子会社の業績に根本的な影響を与えていることは明らかであります」

この時点で、アビークレストの株価は2005年の下値となる22ペンスまで下落した。借り入れが再び増大し、同社は極めて厄介な立場に立たされていた。つまり、貸借対照表は急激に弱体化し、経営環境も急速に悪化していた。

言い換えれば、これは株価とNAVとのギャップを埋めることができない、少なくとも、NAVが株価に近づいていくしかないバリュー投資であった。

バリュートラップが出来上がっていたのである。安全域は霧消しつつあった。短期的には、経営陣が問題に取り組んではきたが、外部環境がそれを凌駕してしまったのだ。同社はもはや新たな圧力にあらがえる立場にはなかった。資金は流出し、もはや必要資金を調達するには資産売却を検討せざるを得なかったのである。資本は費消されていたので、貸し手は追加資金を投じようとはしなかった。

2006年5月8日、同社株式は取引停止となった。これが前向きな兆候であるはずがない。同社は強制的にそうさせられたのだ。アビークレストは次のように述べている。

「グループの銀行家たちは、取締役会に対して、商取引が活発な期間に代替的な資金調達手段を手配するよう要求しました。それゆえ取締役は通常どおりの操業を継続するために、資金の借り換えに努め、現在のところ首尾よく進展しております。当初から想定していたことではありませんが、借り換え契約には、当社が繁忙期を前にした売り込み準備を行うにあたり、売り上げと有形固定資産のリースバックとが

盛り込まれることになります。取締役は、売り上げならびに有形固定資産のリースバックを含めた新たな借り入れ契約が数日のうちに約定されるものと考えております。取締役はまた、当グループの将来見通しについても引き続き自信を持っております……」

これは確実に良くないニュースであった。つまり、同社は事業資金の調達が困難で、再生については言うまでもない、ということである。もはやバリュー株どころではなかった。

2006年6月28日に公表された新たな業績で同社が被ったダメージが明らかとなる。売り上げは15％減少。1株当たりの損失が31.1ペンスとなった。

1株当たりのネット・ネットは、昨年の67ペンスに対していまや36ペンスである。株価自体は15ペンスにとどまっていた。すべてが悪い方向へと進んでいた。そこから抜け出すのは極めて困難であった。安全域も毀損し続け、売り上げは減少を続け、宝飾品事業で重要となるコモディティである金価格は引き続き上昇し、同社の運転資本に対するさらなる圧力となっているといった具合に、届けられるニュースは極めてネガティブなものばかりであった。

これは何年もかけて出来上がったバリュートラップである。当初は合理的だと思われたポジションであったが、最終的にはひどいものとなったのである。

後知恵となってしまうが、この銘柄が偽のバリューであることに対する警告となり得るものはあったのだろうか。ネット・ネットの運転資本が堅固であったように思われたにもかかわらず、アビークレストが負債漬けの負のスパイラルに陥ったのは確かに興味深いところである。ここから学べる教訓は、適度な安全域があるように思えたとしても、多額の債務には大いに注意を払うべきである、ということだ。

同社の業績がそのNAVが示す水準に戻る道筋がある程度確かなものでないならば、そのような負債水準は致命的なものとなる。同社の

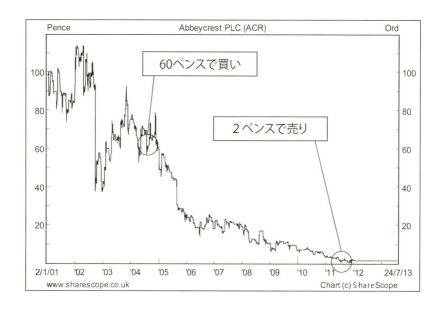

顧客ベースは緩やかに縮小している(独立の小売業者)か、たった1つの気まぐれな大手小売業者(アルゴス)かのどちらか一方であった。そのうえ、経済が低迷したことで、今まで以上に価格圧力が高まった。これに対し、倹約的で、創造力に富んだ経営陣であればおそらくは事態を好転させることができたであろう。しかし、最も優秀な経営陣であっても、同時にこれほどの負債をやりくりしなければならないとしたら、苦しむことになる。

当時、債務削減はある程度の進展を見せていたが、同社は前に進むことができなかった。2006年5月の株式取引停止は明らかな警鐘であり、実際に赤旗だったのである。つまり、同社は限界に達し、銀行は不満を抱くようになり、そして不幸にも彼らがハンドルを握ることになってしまった。

私はまだアビークレストの固定資産には言及していない。それらを含めればNAVはネット・ネットの運転資本残高を大きく上回ること

になる。しかし、私がそれに言及しなかったのは、同社がリポートのなかでそれに言及することはなかったからである。同社がそれを売却できる立場にあり、財務状況を改善することができたのであれば、大きな刺激となったはずである。しかし、残念ながら実情は固定資産に対する私の全面的な警戒心を正当化しただけであった。どうしようもなかったのである。

　同社はその後、6年ほど苦しむことになる。しかし、すでに賽は投げられてしまったのであり、もはや問題は、資金提供者たちがどの程度取引を継続できるか、でしかなかった。われわれは2011年6月に2ペンスでポジションを手仕舞った。この悲劇は、破産管財人が任命された2012年2月にやっと幕を下ろしたのである。

第17章
フレンチ・コネクション

French Connection

> 買い　29ペンス（2009年10月）
> 一部売り　112ペンス（2011年2月）
> 初版出版時に継続保有　27ペンス（2013年6月）
> 残余分売却　46ペンス（2016年3月）

企業のバックグラウンド

　2009年初頭、私が衣料品の小売業者であるフレンチ・コネクションに着目したとき、同社はかなりくたびれているように見えた。同社は何年もの間、有名な「FCUK」ブランドを基本としたマーケティングキャンペーンで大きな成功を収めていた。このキャンペーンを背景に、フレンチ・コネクションはイギリスや海外でもよく知られたブランドの1つとなった。同社は、ヨーロッパ、北米、極東の多くの国々に進出していた。

　だが、もはや事態は有望ではなくなっていた。

　1260万ポンドの最高益となった2006年、株価は280ペンスもの高値を付けていた。それ以降、株価は下落を続ける。2009年には73ペンスの高値を付けたが、その後は28ペンスまで下落した。

投資に至るケーススタディ

　同社が急激にバリューの領域まで下落した2009年初頭に、われわれは同社の株式に目を付けた。だが、しばらくは放っておいた。2009年10月、同社が新安値まで下落したとき、私はもう一度見直すことを決

めた。同社は2009年9月17日に、2009年7月31日を末とする最新の上半期の決算を発表していた。
　主たるポイントは次のとおりである。

● 日本における事業とイギリスやヨーロッパでの新店舗の進展が卸売り販売の減少に相殺され、売上高は4％増の1億1690万ポンド（2008年は1億0240万ポンド）となった
● イギリスとヨーロッパの売り上げは婦人服ならびにeコマースが活発なパフォーマンスを示したことで、前年同期比で2％の増大となった
● 総利益率は前回の51.8％に対して、50.8％となったが、主にスターリング・ポンドの下落が要因である
● 管理可能な費用科目において9％の削減を達成した
● グループ全体の税引き前利益は1280万ポンド（2008年はリース資産の処分にかかる1900万ポンドの利益を除くと540万ポンド）
● 無借金の貸借対照表（バランスシート）は健全なままで、純現金残高は2370万ポンド、在庫もしっかりと管理されていた

　会長は業績に関して次のように述べている。
「昨年下半期から引き続き、われわれの事業は世界中のあらゆる市場における厳しい小売り環境から大いに影響を受け続けております。ここ数期にわたり直面している取引の問題に加え、本年上半期は税制上のパフォーマンスにも大きな影響が及ぼされました。売り上げならびに利益率ともに弱含みで、営業費用を大幅に削減したにもかかわらず、取引実績は昨年に比べて大幅に減少致しました。フレンチ・コネクションの婦人服が成長を続けており、コアとなる事業は引き続き前向きな発展を示しております。前年の取引状況を前に、取締役は収益性ならびに現金の創出を拡大すべく、すべての事業の戦略的見直しを行っ

ております。そこでは、グループの海外における活動、赤字の事業セグメント、そして本社の諸経費に焦点を当てております。この見直しの結果、北ヨーロッパの小売り事業から撤退し、また本社の人員削減を行いました。われわれは今後六カ月にわたり、さらなる施策を講じる意向であります。下半期を迎えるにあたり、われわれは既存事業の業績をわずかながらでも改善し、また直近の赤字を解消すべく必要な戦略の変更に取り組んでいきたいと考えております」

特段ワクワクするような内容ではないが、少なくとも取締役は問題をよく把握しており、それにうまく対応しようとしているように思われた。

2009年9月17日に公表された貸借対照表は**表17.1**のとおりである。

ネット・ネットの運転資本は6060万ポンドで、発行済み株式総数が9600株であるので、1株当たりのネット・ネットは63.1ペンスとなる。これは29ペンスの株価からすれば大幅な安全域をもたらす。固定資産（非流動資産）を含める――無形資産は除外している――と、1株当たりのNAV（純資産価値）は87ペンスとなる。素晴らしい買い、と思われた。

しかし、買う前に忘れてはならない幾つかの追加事項があった。

小売業では常に、小売り店舗において通常は数年間継続することになる多額のリース契約が存在することを理解することが極めて重要である。今回の場合、フレンチ・コネクションは最良の物件を押さえる傾向にあった。実のところこれは安心材料で、同社は必要とあればこれらの物件を再リースすることも考えられるということである。

ファッション業界に付随する別のリスクとしては、流動資産に計上される在庫が貸借対照表で見られる価額のほんのわずかな価値しか持っていない可能性がある、ということだ。ファッションのサイクルは短いので、経営陣がトレンドを読み間違えると、売上高や在庫の価値に多大な影響が出かねないのである。

表17.1

資産の部	単位＝100万ポンド
固定資産	
無形資産	2.4
有形固定資産	14.1
JVへの投資	2.1
未収還付税額	5.2
流動資産	
在庫	54.8
売掛金および未収収益	32.1
未収還付税額	0.2
現金および現金同等物	23.7
資産合計	134.6

負債の部	単位＝100万ポンド
固定負債	
ファイナンス・リース	−0.3
繰り延べ税金負債	−0.8
流動負債	
買掛金および未払費用	−48.1
未払い法人税	−0.1
デリバティブ取引	−0.9
負債合計	−50.2

幸運にも、その時点では、この問題はフレンチ・コネクションには当てはまらないようであった。仮に在庫の価値を50％切り下げた（流行の変化による壊滅的な結果を仮定して）としても、1株当たりのネット・ネットは34.5ペンスである。63.1ペンスに比べれば良くはないが、それでも株価は上回っていた。

　そこでわれわれは、2009年10月に29ペンスで同社の株式を取得したのである。

結果

　2010年3月15日、同社は2010年1月31日を末とする決算速報を発表した。「フレンチ・コネクションの収益を回復させるためのリストラクチャリング」の見出しのもと、幾つか重要なポイントが示されていた。

- ニコル・ファーリ（フレンチ・コネクションの独立採算部門）を500万ポンドでオープンゲート・キャピタルに売却した
- フレンチ・コネクションのアメリカにおける不振の小売り店舗の大部分を閉鎖し、日本市場からも撤退を計画している
- 税引き後の損失は2490万ポンド（2009年は1640万ポンド）
- 現金残高は3570万ポンドと貸借対照表は健全で、0.5ペンスの年間配当を予定している（2009年の配当総額は1.7ペンス）

　ワクワクするようなニュースはほとんどない。しかし、少なくとも現金残高は十分であり、ネット・ネットはいまだ5210万ポンド（1株当たり54.3ペンス）、NAVは72.8ペンスであった。この業績がさして参考にならないことは確かだが、貸借対照表は身軽になり、いまだ安全域は残されていた。この時点での株価は48ペンスである。

　同社の次の業績発表は、2010年7月31日を末とする半期の決算であ

る。主たるポイントは次のとおりであった。

●業績は大幅に改善した
●ほぼ完了したリストラクチャリングが前向きな効果をもたらした
●売り上げは4％増加、総利益率は2.4％増大し、税引き前利益は20万ポンド（2009年は770万ポンドの損失）
●現金残高は昨年よりも650万ポンド多い3020万ポンド

　会長はこう述べていた。「業績が著しく改善したことを喜ばしく思うとともに、フレンチ・コネクションが再び軌道に乗ったものと確信しております」
　そう考えたのは彼だけではなかった。このより前向きなニュースに株価は反応を見せ、50ペンスを付けた。2011年12月には70ペンスを付ける。フレンチ・コネクションはいまや回復の途に就いたようであった。2006年に280ペンスの高値を付けたことを考えれば、回復が本物であれば、その前途はまだ多難である。
　次の決算は2001年9月19日に公表された。これは2011年7月31日を末とする半期の決算である。主たるポイントは次のとおりであった。

●収益は7％増
●税引き前利益は3010万ポンド（2010年は20万ポンド）
●現金残高は3090万ポンド（2010年は3020万ポンド）
●中間配当は20％増大し、0.6ペンス

　会長の声明の主たるポイントは次のとおりである。
　「小売業が厳しい環境にあるなかで、前年同期比で小売り売り上げの成長と、卸売りならびにライセンス収入の大幅な増大を成し得たことを報告できますことを喜んでおります。われわれは2008年以降初めて、

上半期に税引き前利益を創出することができました。われわれは確実に成長の途に就いたのであります」

また、こうも述べていた。

「貸借対照表は引き続き堅固で、現金残高は3090万ポンド、負債はありません。中間配当が20％増大しますことは、当社の収益性ならびに現金創出の力、そして将来に対する取締役会の自信を表したものであります……」

このような前向きな発言を背景に株価は上昇を続けた。われわれは2011年２月に112ペンス（315％という素晴らしい利益である）で持ち分の一部を売却した。その年、株価は134ペンスの高値を付けたが、小売りセクター全般の見通し、ならびにそのなかでのフレンチ・コネクションの立場に対する懸念が再び頭をもたげ始めたことで、株価は改めて下落し始めることになる。

進行中

初版を書いている時点（2013年６月）で、株価は27ペンスまで下落してしまった。完全に行って来いである。業績が回復した同社は黒字への転換を果たした一方で、イギリスが引き続き不況にあえぐなかにあって、収益性はいまだ低く、成長を遂げるのに苦労していた。

進むべき道もある程度は明らかであり、同社の株式を継続保有する正当な理由があると私は考えた（株価が再び下落したときに再度取得した）。

当初実行されたリストラクチャリングでは、同社の外国における事業に焦点を当て、収益力のある部分だけが残るまで企業を縮小させた。新たに、より根本的なリストラクチャリングが可能であるし、また求められているようであった。ｅコマースが重要性を増すなかにあって、採算の合わない店舗は配置転換するか、閉鎖する必要があり、また保

管倉庫の効率化にも取り組まなければならなかった。これを完遂するには長い時間がかかるであろうし、その効果が貸借対照表に表れるまでにはさらに長い時間がかかる。だが、実行すれば効果が確実に見込める道である。

価格設定もまた、同社が改善できる余地を残した部分であった。興味深いことに、モス・ブロスの経営陣は、自分たちの店舗で大量のフレンチ・コネクションのスーツを販売することに問題はないと私に語った。ブランド力はいまだ健在だった。彼らに言わせると、フレンチ・コネクションの問題は単純で、同社の小売店は競合に比べてあまりに高すぎると思われている、とのことであった。

イギリスの小売りセクターは引き続き厳しい状況にあったが、フレンチ・コネクションは健全な貸借対照表を維持し、われわれに安全域をもたらしていた。2013年3月13日、フレンチ・コネクションは2013年1月31日を末とする決算速報を発表した。主たるポイントは次のとおりである。

- 収益は8％減少し、1億9730万ポンド（2012年は2億1540万ポンド）となった
- 税引き前損失は720万ポンド（2012年は460万ポンドの利益）
- 現金残高は2850万ポンド（2012年は3420万ポンド）で、負債はなし

つまり、貸借対照表に計上されている現金は、いまだ同社の時価総額をわずかばかり上回っていたのである（2850万ポンドと2688万ポンド）。

同社はまた、トレンドこそいまだマイナスとはいえ、改善に向けた取り組みで力強い進展をみせていた。その間、ネット・ネットは2012年の同日で60ペンスであったのに対し、1株当たり52ペンス（われわれが当初投資したときは63ペンス）となった。つまり、われわれはこ

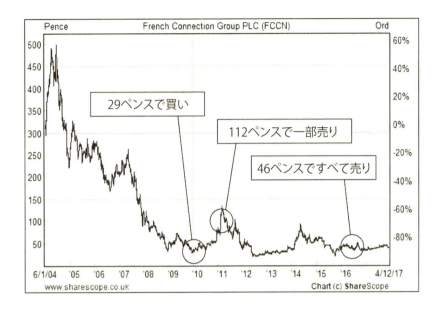

の時点で安全域を一部失ったわけだが、それほど大きなものではなく、また公表された会長の言葉は収益性の回復を期待できるだけの強気なものであった。われわれは同社の将来の発表を見守るつもりであった。いまだ魅力は失われていなかったのだ。

　話は2016年3月に飛ぶが、われわれはフレンチ・コネクションを46ペンスで売却した。われわれは何年間にもわたり、同社の株式を忍耐強く保有していたが、この間、経営陣は安定した収益力を回復することはできなかった。持続的な進展があったように思われるときもあったが、必ずその次の決算発表では、すべての進展が再び損なわれてしまうのである。経営陣は事業を再建すべく数多くの構想を示したが、業界はそれらの構想を実行するよりも早く変化していた（例えば、ｅコマースなど）ようである。その間ずっと、安全域はゆっくりと蝕まれていったのである。

第 18 章
ノルコン

Norcon

> 買い　23.5ペンス（平均価格、2012年5月から2013年4月にかけて取得）
> 初版出版時は継続保有　13ペンス（2013年6月）
> 株式非公開化　19ペンス（2016年5月）

企業のバックグラウンド

　ノルコンは、キプロスを本拠に、主にテレコミュニケーション分野において国際的なプロジェクトマネジメントや外注サービスを提供するノルコンサルト・テレマティクス・リミテッドを傘下に持つ持株会社である。ノルコン──法人登記はマン島──は2008年7月にロンドン証券取引所のAIM市場に上場した。そのときの株価は69ペンスである。

　ノルコンサルトは1957年から、世界の20を超える国々でプロジェクト・マネジメント・サービスを提供してきた。取り組んだプロジェクトは、対象分野や期間も限られた簡単な調査から、数年間に及ぶ2億3300万ドルの契約まであり、その契約では同社が50億ドルのインフラ投資の管理に責任を有してもいた。

　同社は、自らの事業と市場における優位性を次のように説明している。

　「固定電話ならびに携帯電話網、またそれに付随するデータネットワークの技術的な複雑さは、ノルコンサルト設立以降、劇的に高まっております。通信会社、とりわけ途上国のそれは、自社のさまざまな電話ネットワークの導入、アップグレード、運営を補助するコンサルタ

ントを利用することを常としております。およそ3000人に及ぶ適切な技能を有したコンサルタントを派遣できるノルコンサルトは、そのコア市場におけるマーケットリーダーを自認しております。適切な能力を持ったコンサルタント、財政的安定、過去のクライアントからの引き合いなど、参入障壁は高いものがあります」

投資に至るケーススタディ

　私は、NAV（純資産価値）に対して大幅に割安で取引されている銘柄を探してスクリーニングを行っているときにノルコンと出合った。私が入手した最新の報告書は、2012年4月13日に公表された2011年12月31日を末とする年間の決算に関するものであった。主たるポイントは次のとおりである。

- 収益は6660万ドル（2010年は6860万ドル）
- 税引き前利益は620万ドル
- 年度末の現金残高は1250万ドルに増大（2010年は1210万ドル）
- コア市場におけるクライアントとの契約は更新され、さらに主要な新規分野でも新たな委託契約が確保されている

　会長は次のように述べている。
　「世界規模での経済的圧力にもかかわらず、ノルコンが本年も素晴らしい業績を達成できたことを喜ばしく思っております。主要クライアントとの長期的な関係と、わがチームの尽力のおかげで、われわれは弾力ある操業を続けております。われわれは引き続き将来に対する投資を行い、地理的な対応範囲を広げるとともに、クライアントに提供するサービスも拡大を続けております。われわれのコアな強みは長期的な成長見通しを後押しするものと確信しております」

表18.1

資産の部	単位＝ドル
固定資産	
有形固定資産	159,957
関連事業への投資	590,211
流動資産	
売掛金および未収収益	35,263,743
現預金	12,456,037
資産合計	48,469,948

負債の部	単位＝ドル
固定負債	
解雇給付	10,514,890
流動負債	
買掛金および未払費用	6,542,573
借入金	5,327,290
未払い法人税	733,044
負債合計	23,117,797

　2011年12月31日時点での貸借対照表（バランスシート）は**表18.1**のとおりである。

　ネット・ネットの運転資本は2460万1983ドルとなり、発行済み株式総数は4880万0808株であった。その時点でのドル・スターリングポンドの為替は1.58である。それゆえ、1株当たりのネット・ネットは32ペンスとなる。

ご覧のとおり、同社の固定資産は極めて少ないため、NAVはネット・ネットの運転資本と事実上、同じである。同社の2012年11月の株価は20ペンスであった。同社の収益性は安定していたが、株価はそれをまったく反映してこなかったのだ（高値は2009年の89ペンス）。

　業績を見ても、なぜこの銘柄がネット・ネットの運転資本程度で取引されているのかすぐには分からなかった。利益を出し、5％の利回りで配当を支払い、多額の現金を保有し、そして直近の発言も極めて前向きである。ネット・ネット株には珍しいバックグラウンドなのだ。

　では、ダウンサイドのリスクはあるのだろうか。

　同社は1950年代から存続しているので、抱えている年金債務が約1050万ドルと比較的大きなものであった。歴史のある企業では年金債務の状況を確認することは常に有効である。大きな影響を与えることになりかねないからだ。時には、事業会社が年金基金に付随しているかのように見える企業すら存在する。

　そして、年金基金のトラスティ（年金運用の受託者）が大きな権力を持っている。バリュー株の投資家に最も影響を及ぼすこととして、企業が清算されると、トラスティがすべての残余財産に対する優先権を手にすることがある。言い換えれば、彼らは株主たちが資金を還元される前に、支払いを受けることになる、ということだ。それゆえ、常に報告書のすべてに目を通し、年金基金の残高に関する記述に気を配ることが大切である。快適な安全域を意味することもあれば、まったくそれがない、ということにもなりかねない。

　幸運にも今回の場合、同社の資産合計に比べれば大きな数値ではあったが、全体の負債額は同社が持つ流動資産の半分以下であった。

　同社の株価が振るわない理由はほかにあるようであった。ノルコンの株主名簿はかなり脆弱で、イギリスの主要な株主はたった1人であった。このように放置されると、それが自己増殖しかねない。時価総額が1000万ポンドを下回っていたので、単に潜在的投資家のレーダー

から外れていたのであろう。これはけっして安心できることではなかった。バリュー投資家である私は、何も問題がないのであれば、幾つかの機関投資家が株主名簿に名を連ねているほうが安心できる。

　しかし、ノルコンサルトは1997年以降、安定して黒字を出しており、1997年から2007年の期間には総計で3050万ドルもの配当を支払っていた。ノルコンサルトの事業はここ数年で安定的に成長しており、取締役はこの成長が続くものと確信していた。同社はこの分野のリーダーであり、かなり大きな規模の競合の向こうを張り、またどこよりも優れたトラックレコードを有していた。

　成長を見せる市場においては、一気に業界上位の座を手にしたいと考えている、より規模の大きい競合他社がこのような業績の良い小魚を買収することを期待しても、楽観的にすぎるということはない。そして、私はノルコンのようなビジネスモデルを持つ企業が好きなのだ。つまり、継続して新たな成長機会をもたらす複雑さを増す市場において、長期契約に基づいてサービスを提供する企業である。同社はまた、現在活動していない、世界の別の地域に手を広げることも可能なのだ（検討中の地域もある）。

　同社に弱点がないわけではない。同社はかつて、何年間にもわたり関係を継続してきた中東の１つの顧客に大きく依存していた。しかし、ノルコンはいまやクライアントの組織のなかに深く組み込まれていたので、その関係を解消するにはかなりの時間が必要となる。それは同社の経営陣も十分に承知していることであった。この過度の依存を解消することに多大な時間が向けられた。直近の2012年９月24日には、同社はインドネシアの新たな巨大プロジェクトに関してインドサットと契約を締結したと発表した。これは複数年にわたって継続することが期待された。

　われわれは、ネット・ネットが31ペンスであった2012年５月に29ペンスで株式を取得し、同社の３％に当たるポジションを構築したので

ある。

結果

2012年9月20日、ノルコンは2012年6月30日を末とする半期の決算を発表した。主要な財務情報は次のとおりである。

- 収益は2530万ドル（2011年は3590万ドル）
- 税引き後損失は50万ドル（2011年は240万ドルの利益）
- 純現金残高は150万ドルのマイナス（2011年は110万ドル）
- 期末後に未決済残高の大半を回収した
- 期末以降、純現金残高は750万ドル増大
- 1株当たりのプロフォーマ損失は0.01ドル（2011年は0.05ドル）

事業の状況のなかで次のことを認めていた。
「上半期の売り上げはおおよそ予想どおりではありましたが、幾つかのプロジェクトの始動が遅延したことで収益ならびに利益成長が阻害されました。具体的には、主たる中東の市場における4Gへの移行が予想に反し遅れを取りましたが、複数年にわたる契約が現在実施されております。展開が遅れておりましたほかの海外プロジェクトは、新たな契約のもと現在操業中であります」
同社はまた「地理的拡大およびサービス内容の拡大が引き続き主たる優先事項である」と述べていた。

- 東南アジアにおいて新たな契約を締結した
- アメリカにおいて初めて2社の電気通信会社と契約を締結した
- 中東、アフリカ、ヨーロッパにおけるパイプラインは引き続き強化されている

- クライアントとの強固な関係は維持している
- テレコム業界の発展が、ノルコンが専門とする同業界向けサービスへの需要を支えている

会長は次のように述べている。

「上半期の業績は、短期的に当社の収益性に大きな影響を及ぼす要因が幾つか重複した結果であります。われわれは、成長している市場や新たなサービスに手を広げることで、収益力と安定性を持った成長を確かなものとする機会を手にしていると確信しています。われわれはそのような機会に積極的に投資し、アメリカでのプレゼンスを高め、東南アジアでの重要な契約を獲得し続けています。しかし、これらの投資に伴う新たなプロジェクトで遅延が見られたことで、利益率が低下しました。われわれは、コアとなる中東の市場における業績を改善させるための重要な方策を講じておりますが、その一方で、拡大させた投資が2013年以降にリターンをもたらすものと期待しております」

問題となるようなことは何もないが、予期しない遅延が有益であろうはずがないのは確かである。われわれは安心して同社株の保有を続けた。つまり、われわれは同社が将来のある時点で再び成長軌道に乗ると期待していた。この業界においては最長ともいえる成長を続ける外国市場で活躍してきた同社の長いトラックレコードと、発展を続ける新たな技術を考えれば、ある時点で株価のパフォーマンスが改善する要素はそろっているように思われた。

2013年4月23日、本書初版を執筆している間に、同社は2012年12月31日を末とする年間の決算を発表した。そこには、収益の減少とネット・ネットのわずかな毀損とが示されていた。一方で、株価は29ペンスより大幅に低い14ペンスという最安値を付けていた。これは、同社があらゆるたぐいの問題を抱えていることを示しているようであった。

それでもまだ同社は黒字を維持しており、また長きにわたり黒字で

第3部　ディープバリューの失敗例

あり続けた。私は、唯一の誤りは買うのが早すぎたことだと思い、ポジションを追加して、平均取得価格を引き下げた。

　同社はキプロスに本社を構えていたことを考えれば、パフォーマンスが優れない要因は容易に理解できるであろう。2013年のキプロスの財政難と、資金を国外に移すことが困難であることが広く報道されたことは、ノルコンにとって事態を難しくするばかりであったかもしれない。

　しかし、これらは同社に深刻な影響をもたらしているようには思えなかった。長期的には、同社はバリュー株として魅力を維持していると私は考えていた。貸借対照表も健全で、業界でも最も長いトラックレコードを持ち、契約は複数年にわたるのが常で、同社が活動している市場は成長している。

　それはそれで良いことなのではあるが、初版が出版されたあとの数年間、チャートを見れば分かるとおり、株価が低迷したため、ノルコ

ンの経営陣は2016年夏に１株19ペンスで株式を非公開化することを決定した。なお、われわれの平均取得価格は23.5ペンスであった。

　さほどイラ立たしい損失ではなかったが（だが、損失は常に回避すべきである）、経営陣は企業を非公開化することができ、また「弱い」株主たちはそれを押し留めることができなかった。同社が再び繁栄することを辛抱強く待っていた——やがてはそうなったであろう——が、経営陣たちはすべてのアップサイドを自分たちの手に収めることに決めたのである。ここで学んだ重要な教訓は、常に株主名簿を確認せよ、である。

　初版を出版して以降、残念なことは幾つもあったが、そのなかでも最大のものがこのノルコンである。

第4部

明日のディープバリュー株
Deep Value Shares of Tomorrow

第19章
エンテック・アップストリーム

Enteq Upstream

> 買い　24.5ペンス（平均取得価格　2014年に数カ月にわたり取得）
> 継続保有　23ペンス（2017年11月）

企業のバックグラウンド

　エンテック・アップストリームは、石油設備、サービス、流通のセクターで取引されている。このセクターは、2014年に私が同社と出合ったとき、長引く原油価格の低迷の結果、一貫した下落トレンドにあった。2013年には96ペンスの高値を付けていたが、私が同社に目を向けたときには、29ペンスで取引されていた。

　同社は比較的新しい企業で、2011年7月にロンドン証券取引所に上場し、150万株を1株100ペンスで公開した。同社は期待されて株式市場に登場したのであるが、それはエンテック・アップストリームの経営陣が高く評価されていたからである。

　証券取引所での歴史が浅い企業に関しては、上場申請書類を通読することが常に有効である。特に私は、次のような興味深い一文を発見した。

　「新たに設立されたエンテック・アップストリームは、石油ならびにガスサービスの上流に位置する企業に対して、専門家のサポート、回収製品および専門技術を提供する企業の買収、統合に重点を置いております。当社は、ソンデックスで首脳陣を構成した人物たちによって設立されました。2007年にGE（ゼネラル・エレクトリクス）に売却さ

れるまで、ソンデックスは石油・ガス関連の製品と技術を提供する大手企業でありました」

　これは非常に興味深く感じられた。トラックレコードがあり、志があり、そして専門性があるのだ。「ソンデックス」の見出しのもと、資料には次のようにあった。

「当社は、ソンデックスで首脳陣を構成した人物たちによって設立されました。2007年にGEに売却されるまで、ソンデックスは石油・ガス関連の製品と技術を提供する大手企業でありました。ソンデックスは2003年6月に普通株1株につき100ペンスで証券取引所に上場し、時価総額は3880万ポンドとなりました。2007年9月、ソンデックスは普通株1株当たり460ペンスでGEに買収されましたが、これは同社に2億8800万ポンドの価値を与えるものでありました。ソンデックスは、石油・ガス業界の上流に位置する企業向けの製品や技術を設計、製造、提供しておりました。ソンデックスの製品は、炭化水素の回収率を最大化し、石油ならびにガスの貯留層の寿命を伸ばし、抽出プロセスにおけるコスト効率を高めるために用いられてきました。ソンデックスの製品は、シュルンベルジェ、ハリバートン、エクスプロ、ウッド・グループといった、世界的な油田サービス企業に提供されていました。同社が上場公開していた4年間において、5件の買収を行い、売り上げは300％以上の増大を示しました」

　トラックレコードのさらなる詳細が判明したわけだ。つまり、かつての素晴らしい顧客たち、合理的かつ明確な価値を持つ製品、売り上げの成長、そして最終的には上場時の価値の4倍以上で企業を売却した記録などである。

　エンテック・アップストリームの事業機会は申請書類に次のように記されていた。

「世界の油田サービス市場は、シュルンベルジェ、ベーカー・ヒューズ、ハリバートン、ウエザーフォードといった少数のグローバル展開

を行う巨大サービス企業と、それらと同様の製品や技術を持ち合わせていない、より小規模の地域的な企業とに分断されています。エンテック・アップストリームは経営陣たちが有する経験と業界知識とを活かして、石油・ガスセクターの上流部分における専門家のサポート、回収製品および専門技術を見いだし、買収し、統合して参ります。取締役は、エンテック・アップストリームが買収した製品や技術を統合されたポートフォリオへと転換し、それを地域ならびにグローバルに活動する油田サービス企業に提供する有数の油田サービス企業になれることと確信しております」

また、2011年における世界の油田ならびにサービス市場は、前年から5％増大した2700億ドル超の規模となることが予想されると資料には記されていた。

投資に至るケーススタディ

同社は、大きな成功を収めてきた経営陣がソンデックスでの経験を再現しようとしている企業に投資をする機会をもたらすものだと私は考えていた。申請書類に掲載された株主名簿に大手機関投資家が名を連ねているのも当然である。

株式市場に上場した際のエンテック・アップストリームに対する期待は大きなものであったろうし、投資家は同社が戦略を早期に実行し、自ら選択したセクターにおいて他社を買収することを求めていたであろう。しかし、2014年6月以降、原油価格が下落していることが妨げとなってしまった。石油業界はいまや深刻な不況に直面していたのである。予算も削減された。バリュエーションも低下している。生き残りをかけた戦いへと発展した。石油の供給過剰により不均衡に陥っていたので、石油業界の好転を自信をもって予想するのは難しくなっていた。コモディティであるのだから、やがてはまた需要が盛り返すで

表19.1

流動資産	単位=1000ドル
売掛金および未収収益	8,666
在庫	5,590
現金および現金同等物	18,829
流動資産合計	33,085
負債合計	単位=1000ドル
買掛金および未払費用	4,864
ネット・ネット	28,221
固定資産	単位=1000ドル
営業権	15,127
無形資産	28,917
有形固定資産	3,697
固定資産合計	47,741

あろうが、それが「いつ」のことになるかを予測するのは極めて難しかった。

　私が同社に目を向けたのが2014年7月で、直近の業績は6月13日に公表されていた。私はまず貸借対照表（バランスシート）を検証し、価値ある何かがないかを確認した。貸借対照表は**表19.1**のとおりである。

　発行済み株式総数の加重平均は5895万4000株であった。つまり、ネット・ネットは2822万1000ドル、1株当たり0.47ドルとなる計算である。そのときのドル・スターリングポンドの為替が1.59であったので、1株当たりのネット・ネットは0.295ポンドということになる（このときの株価が29ペンスであることを想起してほしい、つまりほぼネット・

ネットと同額なのだ)。

　流動資産を見ると、現金残高は流動資産合計の57%、ネット・ネットの66%に当たる。すべての負債を支払ったあとでも、現金残高だけで1株当たり23ペンスとなることを考えれば、これは極めて健全な状態である。つまり、われわれは極めて優れたトラックレコードと多額の現金からなる貸借対照表を持つ企業の株式を買うことができるわけだ。しかも、事実上ただ、である。

　この結果、われわれは同社株を取得し、その後も引き続き買い増しを行っていったが、最終的に2014年12月2日に同社の3%を保有していることを発表するまでとなった。

結果

　2014年11月18日、同社は2014年9月30日を末とする半期業績を発表した。

　また貸借対照表を見てもらわなければならないことは心苦しいが、事業がうまくいっていないときに、貸借対照表がどのように変化するかを示すことは重要である。困難な時期に貸借対照表が毀損していくことから目を離さないことが重要なのである。

　主に営業権と無形資産からなる固定資産は無視しよう。しかし、流動資産に関しては、**表19.2**のとおりである。

　さて、ネット・ネットは2835万6000ドルとなり、発行済み株式総数が5895万3653株であるので、1株当たりのネット・ネットは0.47ドルとまったく変わっていない(0.295ポンドであるが、このときのドル・スターリングポンドの為替では若干大きくなる)。

　ネット・ネットは変わらなかったが、比較的短期間のうちに現金残高が減少し、売掛金および未収収益と在庫が増大していた。言い換えれば、ネット・ネットのクオリティが幾ばくか悪化したのである。し

表19.2

流動資産	単位=1000ドル
売掛金および未収収益	13,324
在庫	7,463
現金および現金同等物	13,791
流動資産合計	**34,578**
負債	**単位=1000ドル**
流動負債	6,222
負債合計	**6,222**

かし、これには理由がある。次に引用するマーティン・ペリーCEO（最高経営責任者）のコメントがそれを明らかにしている。

「今上半期は、継続して行っている投資、事業統合、市場開発の結果、事業がさらなる有機的発展を遂げました。潜在性の高い中国や中東市場において初めて売り上げを計上できたことは、われわれの販売ならびにマーケティングの努力が素晴らしい展開をもたらしたことを示しております。最近の原油価格の下落を考慮し、引き続き事業の効率化を進め、現金の保全に努めていく所存であります」

最後の一文は頼もしいかぎりである。経営陣が悪化する環境を改善させられないことは明らかだが、彼らは防備を固め、企業を守ろうとしている。

ここで、2016年11月18日に公表された業績に歩を進めよう。そうするのは、しばらくの間、エンテック・アップストリームが買収を控え、原油価格の低迷という厳しい向かい風に直面していたことが理由である。われわれは同社の株式を保有し続けた。2016年には10ペンスもの

安値を付け、われわれの潜在的損失はかなり大きなものとなってしまったが、それでも売却を考えたことはなかった。

2016年11月18日に公表された業績を見れば、その理由を理解してもらえるであろう。

主たるポイントは次のとおりである。

● 諸経費率は期初からおよそ50％（！）低下した
● リグカウントが減少したことで、前年同期比で収益は引き続き減少した
● 最近、サウジアラビアで契約を獲得した
● 2016年9月時点の現金残高は1520万ドルに増大した（2015年9月は1450万ドル）
● 収益は77％減少し、税引き前損失は100万ドル、1株当たり損失は1.5セントとなった

イアン・パターソン会長は次のように述べている。

「中期的に見ると、北米における陸所掘削は安定してきており、エンテック・アップストリームはこの市場でシェアを維持・拡大していく所存であります。エンテック・アップストリームは顧客ベースを広げるため、新たな顧客の発掘・獲得を続けて参ります。グループの健全なキャッシュポジションを保全していくために、資本支出の管理を続けていく一方で、新たな技術の調査・開発を行って参ります」

次に、本章で最後の（約束します）貸借対照表（**表19.3**）を掲載するが、これは2016年11月18日時点の財務状況をまとめたものである。

見解を記す前に、ネット・ネットがいまや2038万8000ドルとなったことが分かるであろう。加重平均の発行済み株式総数が6008万0608株であるので、1株当たりのネット・ネットは0.33ドル、ドル・スターリングポンドの為替が1.22であるので、同じく0.28ポンドとなる。

表19.3

資産の部	単位＝1000ドル
固定資産	
営業権	-
無形資産	364
有形固定資産	2,960
流動資産	
売掛金および未収収益	1,609
在庫	4,489
現金および現金同等物	15,206
流動資産合計	21,304
負債の部	単位＝1000ドル
買掛金および未払費用	916
負債合計	916
自己資本および負債合計	24,628

　この**表19.3**は、われわれが以前に目にしたものから一変している。まず、営業権と無形資産が消えてしまった。何百万からゼロになってしまうその性向こそが、私が第一にそれらの科目にほとんど価値を見いださない理由である。企業が収益を上げ、成長しているときはそれら仮定の資産は素晴らしいものではあるが、ディープバリュー投資家が投資を検討する際にはほとんど価値を持たないことが多い。ディープバリュー株は、注目し始めたころはたいてい赤字であり、企業が損失を出している場合、そのような資産にどの程度の価値があるか（ほ

第19章 エンテック・アップストリーム

とんどない）はすぐに把握できるであろう。異なる見方をする投資家がいることは分かっているが、私はそう考えるのだ。

　次に目を向けるべきは流動資産である。減少してはいるが、貸借対照表全体から見れば、まだまだ十分健全である。現金残高は幾ばくか減少しているが、流動資産を占める主たる構成要素であり、全体の71％ほどとなっている。売掛金は劇的に減少しているが、これは収益が大幅に減少した（先に取り上げたとおり）ことを反映している。在庫は、やがて訪れるであろう回復期に対応するためにある程度は保有する必要があるので、これで十分である。

　多くの意味において、業界が厳しい不況に直面するなかにあって同社を守ってきた経営陣を称賛すべきことを貸借対照表が示している。

　2017年3月13日、同社はマーティン・ペリーCEOと非常勤取締役のロビン・ピンチベックが自社株を19ペンスで取得した旨の報告を受けたと発表した。

素晴らしいことにわれわれはネット・ネットが28ペンスにもなる企業の株式を保有している。これは現在の株価に等しい水準である。つまり、同社株は保有する現金の（またはそれに近い）価値で取引されているのだ。この業界に一筋の光明が差し込んだとき、われわれは多額の買収資金を有し、バリュエーションも当初上場したときよりもはるかに魅力的となっている企業を保有していることになる。

第20章
ハーグリーブス・サービシズ
Hargreaves Services

> 買い　176ペンス（2016年4月）
> 継続保有　355ペンス（2017年11月）

　ハーグリーブス・サービシズはネット・ネットの投資対象ではないが、別の意味で典型的なディープバリュー投資であり、安定して優れた収益性を示してきたまったくもって合理的な企業の1つである。だが、同社の株式は何の落ち度もないなかで大きな圧力を受けていた。同社はまた、多額の隠れた資産を有する興味深い企業でもある。

　ハーグリーブス・サービシズは支援サービスセクターに属している。事業の内容はかなりユニークで、同じセクターのほかの企業と容易に比較することはできない。同社の株式は2015年に1045ペンスの高値を付けたが、その後、私が2016年初頭に目を向けるまで、下落を続けていた。

　ハーグリーブス・サービシズは自らを「イギリスにおける固体燃料供給ならびに大口の原料輸送を行う大手企業である」と説明している。子会社と合わせ、同社は運送、鉱物の輸入、鉱業ならびに精錬業を行い、またイギリスやヨーロッパにおいて石炭や鋼鉄の取り扱いも行っている。

投資に至るケーススタディ

　私が同社に注目した2016年初頭、275ペンスで大発会を迎えた株価は、

52週安値を更新した。同社の主軸である石炭事業が最悪な状況にあったので、経営環境は十全とはほど遠い（これでも控えめな表現かもしれない）ものであった。イギリスにおける鉄鋼の生産力が厳しい圧力にさらされていただけでなく、収益力も失われ、閉鎖は不可避となっていた。つまり、石炭需要は大きな打撃を受けていた。また、メディアがヒンクリー・ポイントの新しい原子力発電所を継続して取り上げ、石炭に対する需要が将来さらに低迷すると予測されたことが、同社にとっての向かい風となった。この発電所が稼働するのは2020年ごろとされていたが、ハーグリーブス・サービシズの株価に対するプレッシャーであることには違いなかった。これらを考えれば、株価が明らかに弱含みであることは当然である。

　2016年2月16日に半期の決算発表が行われたが、それは同社の苦しみを反映したものであった。

- 収益は50.2％減少
- 税引き前利益は84.2％減少
- 希薄化後の1株当たり利益は85.1％減少したが、かろうじて7ペンスの利益を維持
- 中間配当は支払われたが、これも83％減少

　投資判断の根拠を提供することになる貸借対照表（バランスシート）を簡単に見てみたいと思う。2015年11月30日時点の同社の連結貸借対照表をまとめると、**表20.1**のとおりであった。

　ネット・ネットは6240万ポンドで、当該期間における希薄化後の発行済み株式総数の加重平均が3190万株であるので、1株当たりのネット・ネットは195ペンスであるが、固定資産を含めると4.13ポンド（ご想像のとおり、無形資産は除外している）となる。当時の株価が210ペンスであるから、株式は割高ではなかった。市場は同社の見通しが極

表20.1

固定資産	単位＝1000ポンド
有形固定資産	57,487
投資不動産	5,126
無形資産	9,479
関係会社等株式	4,181
繰り延べ税金資産	2,574
固定資産合計	78,847
流動資産	単位＝1000ポンド
売却目的資産	5,040
在庫	60,423
デリバティブ商品	114
売掛金および未収収益	105,892
現金および現金同等物	21,804
流動資産合計	193,273
固定負債	単位＝1000ポンド
長期借入金	48,417
退職給付債務	4,917
引当金	5,154
デリバティブ商品	390
流動負債	単位＝1000ポンド
短期借入金	4,146
買掛金および未払費用	57,609
未払い法人税	8,679
デリバティブ商品	1,538
流動負債合計	71,972
負債合計	130,850
純資産	141,270

めて暗いばかりか、同社が活動する市場が回復することはないと考えていた。

　それでも、石炭に対する需要は存在した。突然の寒波が襲来し、ヒンクリー・ポイントの原子力発電所の操業は大幅に遅れ、電力を生産するまでには長い時間がかかりかねなかったのだ（私の知るかぎり、この発電所で用いられる技術は世界のどこでもいまだ利用されていなかった）。近年大きく低迷した住宅メーカーとまったく同じ様相を呈していた、つまり前向きな点が何も見当たらないのであるが、われわれはその後に何が起こるのかを理解している。

　さらに、同社はいまだ黒字を計上していた。貸借対照表も良好である。注意が必要となるのはレガシーアセットで、同社の場合、5740万ポンドに上る巨額の有形固定資産である。これらの不動産は汚染され、また人里離れた地にあり、売却しようとしても容易に換金できない可能性がある。これらの点につき、同社は次のように述べている。

　「市場環境は、短期的には収益性に大きな圧力となっておりますが、当グループは在庫や工場の処分にはいまだ手を付けていないので、多額の現金を生み出せる立場にあります」

　さらに、

　「当グループは、広範囲にわたる不動産のポートフォリオに付随する機会を評価、追及していく所存であります」

　頼もしいかぎりだ。声明を最後まで読むと、同社が保有不動産を強調しているコメントに出くわした。イギリスに75平方キロの土地を持っているが、そのうち事業用途として維持する必要があるのは12平方キロにすぎない。残りの63平方キロの開発用地のうち、大きな価値を持つものが2カ所あった。エジンバラから16キロ東にある1.5平方キロの住宅用地であるブラインドウエルズとファイフの程近くにある1.5平方キロの工業用地であるウエストフィールドである。これによって同社はがぜん面白くなる。時価総額がおよそ6500万ポンドであるのだか

ら、ハーグリーブス・サービシズは極めて割安に思えた。それゆえわれわれは平均2.08ポンドで同社株を買ったのである。

結果

　土地取引にはたいていの場合長い時間がかかるので、短期的に何かが起こるとは思っていなかった。

　しかし、2006年4月27日、同社は業績のアップグレードを行い、戦略上の再配置に関する発表を行った。同社は余剰資産を売却し、6600万ポンドを調達する予定であり、遅くとも2017年5月にはそれを完了させると発表した。同社の時価総額とさほど変わらないのであるから、これは極めて大きな資金である。

　この部分的な流動化は投資家にとっては良いニュースであり、また貸借対照表に計上されている資産が信頼に足るものであることを示してもいた。だが、株価はこれにほとんど反応しなかった。同社株式はその後も180ペンスほどで低迷していた。われわれは、より前向きなニュースが効果をもたらすまでさらに長い時間待たなければならなかった。

　それが訪れたのが2017年3月29日、同社がブラインドウエルズの用地における許認可が得られたと発表したときである。第一段階では1600件の新規住宅の認可が得られ、向こう12～15年にわたって計3200件を上回る新規住宅が許可されることが予想された。

　このニュースが触媒となり株価は跳ね上がる。あっという間に330ペンスまで上昇した。そして、われわれは引き続き保有している。

　ハーグリーブス・サービシズはまったくの不人気銘柄であったが、この1つの発表がもたらした効果が示しているとおり、ただセンチメントの犠牲となっていただけであり、それが典型的なバリュー投資を生んでいたのである。集団思考が幅を利かせていた。同社の資産は手に

第4部 明日のディープバリュー株

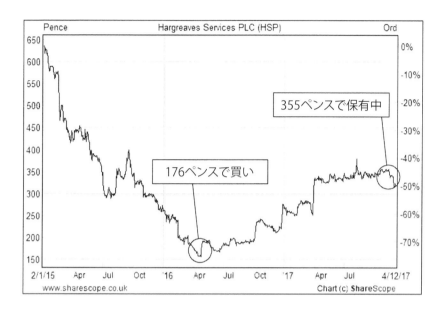

負えないほど価値の低いものと思われていた。余剰資産に関するニュースがなければ、悲観論がさらに株価を押し下げていたかもしれない。この手の打ちのめされた銘柄は、たとえネット・ネット（そして、それに付随する安全域）でなくても、目を向けるに値すると考えているが、資産を研究すれば、やがては報われることになるであろう。

第21章
ランプレル
Lamprell

> 買い　67ペンス（2016年7月）
> 継続保有　73ペンス（2017年11月）

企業のバックグラウンド

　ランプレルは、石油設備、サービス、流通セクターに属する企業である。通常とは異なり、同社はディープバリュー投資家が普段目をつける銘柄よりもかなり大きな時価総額を有していた。しかし、われわれは同社をネット・ネットで取得することができた。同社が主に生産している製品を見れば、これも驚くには値しない。石油リグなのだ。私が同社に最初に目を付けた2016年7月に至るまでの数年間、新たな石油リグの受注を獲得することは明らかに困難だった。

　このように苦境にあえいでいるセクターは、バリュー投資家にとっては理想の場である。われわれはただ機会が訪れるのを待つばかりであり、苦境のあとには多くの機会が訪れるものなのだ。また、われわれは「メーンイベント」のあとで株を買っているので、理論上、株価が下落することに伴う痛みの幾ばくかは避けることができるのだ（さらなる痛みに耐えなければならなくなる可能性があることは言うまでもないが、プレミアム付きではなく、割安な価格で資産を取得できる場合は少なくともそれに取り組むべきであろう）。

　本書で紹介した、原油価格が低迷したことの犠牲者となったディープバリュー銘柄としてはエンテック・アップストリーム（第19章）と

ハイドロジェン・グループ（第22章）がある。

ランプレルは、オフショアの石油、ガスならびに再生可能エネルギー分野における装置建設ならびにエンジニアリングに従事し、さまざまな設備装置の組み立てや、居住施設や複雑な処理モジュールの建設などを行っている。同社はUAE（アラブ首長国連邦）に事業の拠点を設けている。

投資に至るケーススタディ

私が同社に出合ったのは2016年7月で、当時の新安値である67ペンスを付けていた（結局、その年の最安値が56ペンスだったので、さほど離れてはいなかった）。私が同社を見つけたのはハーグリーブス・サービシズと同様の方法で、株価が52週安値を付けた企業を探していたときである。

今までどおり、最初にチェックすべきは直近の業績発表で、何か面白いものが見つかるかどうか検証した。そして、いつもどおり、まずは**表21.1**の貸借対照表（バランスシート）を見て、資産と価値とを把握した。直近の業績は2016年3月23日に公表されたもので、これが確定値であった。

これはわれわれが通常ディープバリュー投資で目にするものよりはるかに大きな貸借対照表である。バリュー投資の長年の問題として、株価が下落すると、時価総額が極めて小さくなり、取引が難しくなるということがある。だが、この場合は当てはまらない。ランプレルは2億ポンドもの時価総額を誇っていた。

ネット・ネットは3億2940万ドルで、発行済み株式総数の加重平均は3億4171万0302株であった。これによって、1株当たりのネット・ネットは0.96ドル、または0.68ポンド（ドル・スターリングポンドの為替は1.41）となる。NAV（純資産価値）はこの2倍にもなるのだ（こ

表21.1

資産の部	単位＝1000ドル
固定資産	
有形固定資産	175,286
無形資産	205,884
持分法適用投資有価証券	5,285
売掛金および未収入金	12,712
現預金	8,950
固定資産合計	408,117
流動資産	
在庫	29,066
売掛金および未収収益	415,614
現預金	280,668
流動資産合計	725,348
資産合計	1,133,465
負債の部	単位＝1000ドル
流動負債	
短期借入金	20,136
買掛金および未払費用	264,943
デリバティブ商品	4
製品保証その他債務にかかる引当金	8,334
未払い法人税	451
流動負債合計	293,868
固定負債	
長期借入金	59,163
退職給付引当金	42,863
固定負債合計	102,040
負債合計	395,908
純資産	737,557,000ポンド

の時点での株価が67ペンスであることを想起されたい)。

　同社はいまだ黒字を計上し、現金残高も大きく、その事業の特性ゆえにキャッシュフローも極めて健全であった(同社の事業に伴う発注から納入までのサイクルのおかげである)。心配の種は将来の見通しであった。新たな契約を獲得することが難しいと予想されたが、すぐにその懸念が表面化するわけではないだろう。だが、それでもためらいを覚えることではある。

　財務面のポイントとして、健全な業績のもと、利益は市場予想を上回る6650万ドルとなり、受注残は7億4000万ドル、進行中の入札は54億ドルにもなると力強く語っている。

　当期、同社はリグの納入遅延による影響を被ったが、これは主に下請け業者の業務遅延が原因であり、パニックを起こす必要はなかった。

　経営環境は優れたものではないことが理解できたが、私からすると同社の貸借対照表は極めて堅固であった。ランプレルは大きな防衛力となる流動性の高い貸借対照表をもって厳しい環境に向き合っていた。

　検証結果に納得したわれわれは同社の株式を取得することを決断し、1株当たり平均71ペンスを支払った。

結果

　短期的には株価はほとんど動かなかったが、2016年10月にその年の安値となる56ペンスを付けた。安値を付けたあと、株価は上昇を始める。2016年11月に公表されたOPEC(石油輸出国機構)の合意(1日当たり3250万バレルの原油生産目標を改めて導入するなど広範囲にわたる合意で、原油価格の下支えになると見られた)がランプレルを含むほとんどの石油関連銘柄のセンチメントに影響を与え、株価は115ペンスまで上昇した。

　貸借対照表のバリュエーションが低い銘柄に取り組む利点として、そ

のような極端なバリュエーションでは、ほんの少しの光明が業界または個別銘柄の見通しをあっという間に変えてしまうということがある。ランプレルがまさにそうであるように思われた。同社は何も大きな発表は行っていなかった（確かにイギリスの電力会社との契約を獲得したが、この受注から利益を得るまでには数年はかかるであろう）が、それでも株価はわれわれが取得したときから50％以上も上昇した。実際に起こったことは、株式に対するセンチメントが変わったということだけである。もはやノイローゼは去り、回復モードにあったのだ。

この株価上昇のほとんどは2017年下半期には霧散し、本書が印刷にまわっている時点では74ペンスほどで取引されている。これは、この手の投資にはリスクが付き物だということを思い出させてくれるものである。うまくいかないこともたくさんある。しかし、ひとたび利益が目に見える形で生まれれば、この銘柄は大幅に上昇する可能性がある。

2017年3月24日、同社のCEO（最高経営責任者）は次のように述べた。

「困難な2016年が過ぎ、2017年がより厳しいものとなることが予想されるなか、ランプレルは中期的な成長を達成すべく体制を整えることに注力しております。現在の困難な環境に事業体制を適応させるとともに、将来に向けて多くの時間と労力とを投じております。当業界が過去数年にわたり経験した困難を過小評価してはおりませんが、経営陣はランプレルには大きな成長機会があるという長期的見通しに自信を持っております。2017年は売り上げの面から言えば、当グループにとってこれまでにないほど困難な1年になると予想しております。これは、典型的なE&Cのビジネスモデルにおいては成果が現れるまでにしばし長い時間がかかることが原因でありますが、われわれは市場の回復はさほど遠いものではないという兆しを目にしております。2018年は市場が活発な動きを見せるものと予想しております」

　同社がすぐに市場の景気回復から利益を得ることはないであろうが、2017年5月に、同種のものでは世界最大のプロジェクトの1つであるサウジ・マリタイム・ヤードにパートナーとして加わった。これは、アラムコ、バーリ、現代といった大手グローバル企業によるパートナーシップで、ランプレルを次なるレベルへと引き上げる極めて魅力的な機会でもある。

　われわれはランプレルを長期間保有し、新たにもたらされる利益が株価を押し上げることを期待している。これは、望ましい経済環境が即座に収益力を回復させる魅力的な資産を有していることだけに着目したパンミュア・ゴードン・アンド・カンパニーなどの企業に対する投資とは趣を異にするものである。ランプレルはサイクルの長い業界で活動する企業である。それは原油価格の低迷がほとんどの生産会社に大損害を与える業界であり、OPECによる支援策に効果があったように見えても、それが形に表れるまでは長い時間を要するものなのだ。

ランプレルが提供しているサービスは、彼ら自身が「レイトサイクル（Late Cycle）」と呼ぶものである。つまり、信頼が回復されなければ、改めて長期的な資本が投下されることなど期待できないのだ。

第22章
ハイドロジェン・グループ
Hydrogen Group

> 買い　28ペンス（平均価格　2016年3月）
> 継続保有　29ペンス（2017年11月）

企業のバックグラウンド

　ハイドロジェン・グループは人材派遣会社である。私は何度となく人材派遣会社に投資を行っている。人材派遣会社に対する投資として、プレミアム付きで買収されたことでうまくいった例を第3章のスプリング・グループで紹介した。ハイドロジェン・グループはスプリング・グループよりもかなり小規模な企業であるが、投資対象としては似かよった特徴を有している。

　同社は自らを次のように説明している。

　「実績ある世界的なプラットフォームと、50カ国以上に及ぶ顧客を有するスペシャリストの派遣会社であります。当社に登録した人々のキャリアを後押しするとともに、主たる人材を提供することで事業に貢献することがわれわれの使命だと考えます。登録者や顧客のニーズを深く理解し、解決策を生み出す、市場をリードする専門家チームを構築することでその使命を達成して参ります」

　同社は2009年9月にロンドン代替投資市場（AIM）に1株232ペンスで上場し、時価総額は5200万ポンドとなった。2012年以降の5年間で、株価は2014年に116ペンスの高値を、2016年に26.5ペンスの安値を付けていた。

人材派遣会社は極めてシクリカルな事業である。また、実物資産がほとんどなく、主に現金と銀行債務を有するだけである。景気後退が始まったとき、人材派遣業がその影響を最初に受ける事業の1つであることは疑いなかろう。彼らは労働市場の悪化からいち早く影響を受ける。収益性が低下するので、急いで防備を固めなければならない。そして、常にそうしてきた。

　興味深いことに、人材派遣会社の事業は低迷し始めると、実際のところ彼らのキャッシュフローが改善し始める。これは彼らの契約にその要因がある（たいていは経済のソフト化の結果である）。つまり、人材派遣会社は顧客からサービスの対価を受けとり続けるが、彼ら自身はサービスを提供する者たち（いわば契約社員たちであり、彼らは通常月単位で支払いを受けるが、人材派遣会社自身は顧客から90日または120日単位で支払いを受ける）への支払いをすでに済ませてしまっているからである。事業が縮小しているかぎりこの状況が続くが、再び拡大すると反転することになる。

　それゆえ、株価が下落を始めると、経営環境が悪化するにつれ貸借対照表（バランスシート）の比率が改善する。まさにそのようなときにこそ、私はこれらの企業に大きな興味を抱くのである（このような現象は前述した第21章のランプレルの場合などでもある程度当てはまるように思われる。つまり、リグに対する需要が低下し、受注残をこなしていると、必要となる運転資本が減少するにつれてキャッシュフローが改善する）。

　これが有限のプロセスであることは明らかである。ある時点において事態が反転するか、企業は文字どおり現金不足に陥るかすることになる。顧客からの新たな指示（ランプレルの場合で言えば、新たな発注）を得る必要がある。ハイドロジェン・グループの貸借対照表とランプレルのそれとの違いは、ハイドロジェン・グループのほうがはるかに融通が利くということである。人材派遣業は自分ひとりとペット

の犬だけになっても操業することができるが、石油リグの組み立て業にはそのような柔軟性は存在しない。彼らは多額の固定された間接費を抱えているのだ。

　ハイドロジェン・グループの事業が好転すると、やがて同社のキャッシュフローはマイナスとなるが、彼らは運転資本を調達するので問題はない。そして、企業は再び成長するのである。さらに、ハイドロジェン・グループやほかの人材派遣会社が再び収益性を取り戻すと、あっという間に利益が増大し、株価が一気に上昇する。それゆえ私はこの特定のセクターを好むのである。利益が増大すれば、必ず株価は素晴らしいパフォーマンスを示す。

投資に至るケーススタディ

　われわれがハイドロジェン・グループに目を付けたのは2016年初頭である。同社は石油やガス会社への派遣に特化しており、この業界はコモディティ価格の下落で大きな損害を受けていたので、同社の株式は市場で惨めな時間を過ごしていた。株価は2014年の116ペンスから30ペンスまで一気に下落していた。税引き前利益は2012年の310万ポンドから2015年には25万ポンドまで減少し、厳しいことは明らかではあったが、それでもわずかながらも黒字だった。一方で、キャッシュフローは前述の理由によって、2012年の1株1.48ペンスから2015年には1株45.6ペンスまで増大した。

　2015年9月15日に公表された、2015年6月30日時点における連結貸借対照表（未監査）は**表22.1**のとおりであった。

　固定資産の92％が営業権とその他無形資産から構成されているのは興味深かった。この例ではネット・ネットが685万3000ポンドであり、発行済み株式総数の加重平均が2251万3793株であったので、1株当たりのネット・ネットは0.30ポンドとなる。

表22.1

固定資産	単位＝1000ポンド
営業権	13,568
その他無形資産	889
有形固定資産	770
繰り延べ税金資産	120
その他金融資産	265
固定資産合計	15,612
流動資産	
売掛金および未収収益	22,116
現金および現金同等物	2,716
流動資産合計	24,832
資産合計	40,444
流動負債	
買掛金および未払費用	15,072
短期借入金	2,598
未払い法人税	39
引当金	203
流動負債合計	17,912
固定負債	67
負債合計	17,979

　損益計算書を振り返ってみよう。「財務ならびに営業のハイライト」の見出しのもとに掲載された次のことが注意を引いた。

●手数料収入の純額が30％減少
●最大顧客からの手数料の純額が22％減少

●一般管理費が27％減少
●従業員数が27％減少

　だが、同社は10万ポンドの営業利益を出していた。これは大した利益ではないかもしれないが、これほどの厳しい状況にあっても黒字であることは本当に驚くべきことである。
　これらの業績に関して、イアン・テンプルCEO（最高経営責任者）は次のように述べている。
　「2014年上半期の純手数料（NFI）の30％が石油およびガス業界の上流に位置する企業からもたらされたものであるため、原油価格が大幅に下落していることが大きな影響を及ぼすことは致し方のないことでありました。われわれは強力かつ分散されたビジネスモデルをもってこの難局に対応し、困難な環境下でもどうにか赤字を回避することができました。2015年3月にCEOの任を負って以来、私は徹底した事業の見直しを行って参りました。われわれは素晴らしい顧客を持つ、数多くの専門家市場において強力な立場にあります……」
　次の決算は2016年3月22日に発表されたが、ネット・ネットは651万3000ポンド、1株当たりにすると0.28ポンドとなった。前回の決算から減少してはいるが、パニックに陥る理由は何もない。合わせて発表された会長の声明は次のとおりである。
　「2016年、ハイドロジェン・グループは、安定し、収益力ある事業に集中し続けることを計画しております。2015年、改めて事業に集中することで、全世界での契約社員数が増大し始めており、われわれの海外支社のすべてが2016年には収益力を得ることになると思われます。取締役会は発展の機会をとらえ、許容できる水準の収益力を持った成長が可能となる分野に引き続き投資を行って参ります。ハイドロジェン・グループはリストラと費用削減という困難な時期を経験してきました。当グループはいまやコアとなる機会に焦点を当てております。実行し

ております改革は、収益性を改善し、現金を生み出す力を高め、グループの収益を増大させるという取締役としての主たる目的を確たるものとすることを意図したものであります」

同社はもがき続けてはいるが、この声明を読むと経営陣は最悪の事態は去ったと考えているように思えた。大変心強いことである。

われわれは2016年3月に平均価格28ペンスで同社株を取得し、2016年3月23日、同社はわれわれが6％の株式を保有している旨の発表を行った。

結果

話を2017年4月4日まで進める。この日同社は2016年12月31日を末とする決算の確定値を発表した。

主たるポイント（少しだけであるが）は次のとおりである。

● 税引き前利益は170万ポンド
● 年間のEPS（1株当たり利益）は6.8ペンス
● 貸借対照表は健全で、期末の現金残高は200万ポンド

会長のスティーブ・パケットは次のように述べている。

「2016年は、エネルギー市場が引き続き低迷したこと、そしてEUを離脱するというイギリスの決定がイギリス国内の経済活動を阻害したことを考えれば、堅実な業績であったと言えます。現在、事業は確実な基盤を持ち、エネルギー市場は安定の兆しを見せ始めております。われわれは引き続き、成長性と収益性を持つ事業を構築していくことに注力して参ります」

ネット・ネットは1株当たり0.30ポンドとなった。本書が印刷にまわった2017年後半の時点で株価は27ペンスほどである。しかし、石油

第22章 ハイドロジェン・グループ

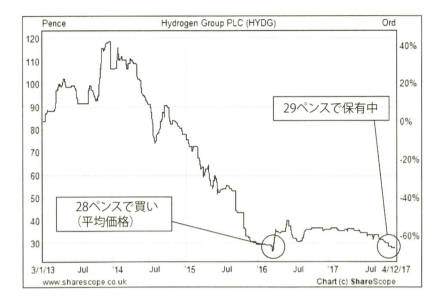

ならびにガス業界が再び活発になれば、同社の利益も増大し始めることが期待される。株価のパフォーマンスが改善する要素はすでにそろっているのだ。

第23章
レコード
Record

買い　9.75ペンス（2012年3月）
初版出版時継続保有　34ペンス（2013年6月）
第2版出版時継続保有　47ペンス（2017年11月）

　完璧なバリュー株が見つかることなどほとんどない。「完璧」と「バリュー」はあらゆる点で矛盾する。ほとんどのバリュー株は多くのお荷物を抱えている（だからバリューなのだ）。しかし、レコードは完璧なバリュー株にかなり近しいものであった。運転資本の水準で取引されている銘柄を見つけても、収益力があり、無借金であることなどまれである。そのようなネット・ネット株がサービスセクターにあるとしたら、それはさらに珍しいことである。なぜなら、業界または企業の見通しがとりわけ悪いときにしか、そのような銘柄は姿を現さないからだ。
　第1部で述べたとおり、私の経験ではこのようなサービス企業は投資を行うに最も魅力的な銘柄である。それらはかなり身軽（通常は、ROCE［投下資本利益率］比率［これは、投下資本に対するリターンをはかる指標であり、比率が高ければ高いほど、投資対象としては魅力が大きい］が高い）である傾向にあり、業績が回復すれば、株価のパフォーマンスは素晴らしいものとなり得るからだ。高成長企業と同様の素晴らしいパフォーマンスを示すが、リスクははるかに小さいのだ。

企業のバックグラウンド

　2012年３月、私は52週安値を付けた銘柄を探しているときにレコードに出合った。同社は法人顧客向けに資金管理サービスを専門に提供する企業である。

　私はそれまで同社について聞いたことがなかった。最新の業績に簡単に目を通しただけで、健全な貸借対照表（バランスシート）を持った極めて収益力のある事業であることが分かった。同社は、長年にわたり外国為替市場に従事していたニール・レコード氏が設立したもので、2007年12月にロンドン証券取引所にIPO（新規株式公開）していた。

　レコードの顧客は、世界の資本市場で取引を行う結果として外国為替のイクスポージャーをヘッジする必要のある年金基金や投資信託などの法人顧客が主である。1980年代以降、これらの法人は外国資産を保有することに関心を高め、それがレコードのような企業を生み出した。

　同社が2007年に上場したとき、それまで増大を示してきた極めて高い収益性をその後も継続することが期待されていた。同社はまた為替に投資を行い、潜在的なリターンを高めるためにレバレッジを用いる一連の投資ファンドを保有してもいた。これらの為替商品は、投資家に販売することができる単独のアセットとみなされていた。しかし、為替は最も良いときでさえ、ボラティリティが極めて高いことを忘れてはならない。このボラティリティが高いアセットクラスにレバレッジを用いれば、かなり「面白い」投資結果となり得るし、実際にそうなった。もちろん、為替商品の投資家が必ずしもそれを望んでいたとは限らないのであるが。

　顧客たちがそれらの投資から資金を引き上げるまでにさしたる時間はかからなかった。これらの商品を背景に高い収益性を誇っていたレ

コードは苦しみ始めることになる。2008年初頭に160ペンスもの高値を付けた株価は、それ以降下落を続け、2012年3月には9.75ペンスの上場来安値を付けることになる。われわれが同社に目をつけたのはこのときである。

投資に至るケーススタディ

2012年3月にわれわれが目にしたレコードの最新の業績（2011年11月18日に公表されていた）は、2011年9月30日を末とする半期の決算であった。株価が急落していたにもかかわらず、レコードはいまだ黒字を維持し、無借金だった。

貸借対照表を見ると、流動資産が2589万6000ポンド（そのうち現金ならびに現金同等物が1965万9000ポンドだ）ある。負債合計はたった436万6000ポンドで、ネット・ネットの運転資本は2156万ポンド、発行済み株式総数は2億2079万6714株である。

この場合、ネット・ネットの運転資本（そのほとんどが現金である）は1株当たり9.7ペンスとなり、それに対し当時の株価は9.75ペンスであった。レコードのようなサービス企業は固定資産が少ない傾向にあり、不動産は賃借したもので、無形資産や繰り延べ税金資産などが存在する程度である。レコードの場合、NAV（純資産価値）は10.4ペンスとなった。言い換えれば、固定資産は全体の資産のうちわずかばかりを占めるだけであり、大半は流動資産、とりわけ現金で構成されていた。

次の**表23.1**を見れば、同社が2007年の上場以来、現金を生み出してきたことが分かるであろう。

それゆえ、2012年3月、同社の事業が黒字で、借り入れもなく、配当を支払っていたにもかかわらず、レコード株はネット・ネットの運転資本の水準で取得することができた。

表23.1

	2007年	2008年	2009年	2010年	2011年
売り上げ（100万ポンド）	35.2	66.2	46.8	33.4	28.2
FRS3 税引き前（100万ポンド）	19.6	40.4	26.8	16.6	12.5
ROCE（%）	132	225	98.5	66	43.2
FRS3（EPS）	6.35	12.60	8.72	5.38	4.03

　同社をフォローしていた幾人かのアナリストは、同社が管理報酬を課していたアセットベース（つまり、顧客の資金）が縮小した結果、収益性が低下を続けていることに目を奪われていた。それが真実であることは間違いないが、決算発表を読むと、前向きなコメントを見つけることもできる。

　「上半期、レコードのセールスチームでは大きな変化がありました。そのなかで、アメリカならびにヨーロッパ大陸をそれぞれ担当する上級社員を2人採用致しました。既存のセールスチームとこの施策により、レコードは拡大した商品群を提供することに注力できることになりました。この取り組みによって、ヘッジならびに収益目的の為替取引の双方において、向こう12カ月間でさらなるマンデートを獲得できるものと期待しております」

　2012年3月にこの会社を見いだした直後、われわれは経営陣と面会することにした。投資対象としての数字はすでに紙上で分かるのであるから、必ずしも必要はなかったのだが、そうするのが良いと思った。この面会で、経営陣はバラ色の未来への希望をまったく捨てていないことが明らかとなった。彼らは自分たちのサービス（ボラティリティの高い為替商品ではないとしても）を、成長を続ける市場に提供する

機会をたくさん見ていたのである。

　アメリカの年金基金が外国資産へのイクスポージャーを引き続き高めているので、これらのファンドがそのイクスポージャーをヘッジすることを検討しなければならないときがやがて訪れるであろう。これは、アメリカの年金基金や投資信託業界全般に影響を及ぼすトレンドである。これはレコードにとっては良いニュースだ。個々の年金基金が保有する外国資産が増大する（結果としてレコードはより高い管理報酬を得ることになる）だけでなく、為替のイクスポージャーをヘッジする必要がある潜在顧客の数も増大する。

　実際に、ヨーロッパ大陸でのセールスを担当するレコードのセールスマンは、特定の法律によって年金基金が外国為替のイクスポージャーを完全にヘッジすることが求められているスイスで主に活動していた。レコードのサービスの主な競合は銀行であるが、ここ数年、彼らは悪い評判にさらされており、またリスクを最小化するためには異なるサービス提供者を採用することが優れた経営方針だと考えられていた。これらはレコードにとって前向きな展開であった。

　市場がもはや見切りをつけてしまった同社にとって、これらはすべて悪くない話である。

モデルの変更

　レコードの潜在性は収益力の低下と利益率の縮小に関する見出しの後ろに隠れていた。なぜだれもそれに気づかなかったのか。完全にリスクのない投資ではないのか。

　確かにそうではない。潜在的なダウンサイドは存在した。レコードが注力し始めた新たな事業機会がさらに管理報酬の低下を引き起こすことは確かである。短期的には、それが利益の力強い回復を制限するであろうし、2007～2008年にかけてピークとなった収益性と比べれば

なおさらである。

　しかし、当時の高い収益性は、同社のサービスの本質からすれば安定的なものではなかったと私は考えている。新たなサービスの収益性はより低いものかもしれないが、耐久性は大いに高いものとなる。つまるところ、ヘッジとはその本質からして受け身の活動なのだ。顧客との関係もより安定するであろう。失望させたり、衝突したりする可能性はかなり少なくなるであろうし、顧客と長期的な関係を構築する機会はより多くなる。忘れてはならないことだが、これはやがては巨大に成長する可能性のある市場における話なのである。

　同社の事業の本質は根本的に変わった。同社はオルタナティブの運用会社で、リターンを望む顧客の資産を配分しているのだと考えられていた。これは大きなリスクを抱えたビジネスモデルである。かつて名を馳せた上場運用会社のうち、株式市場で今も成功しているものがどれだけいるかを見れば事足りよう。ここ数年は確かに彼らの多くにとっては厳しい時代であり、直近の高値からすれば、いまやわずかばかりの株価で取引されているものも多い（ある時点において、彼らがより安定したビジネスモデルを見いだしたり、何らかの変化を起こせば、ディープバリュー投資家にとっては大変に興味深い狩場となるかもしれない）。

　いずれにせよ、レコードははるかに安全な事業へとシフトし、顧客とのサービス契約に従って資本を配分し、彼らの為替のポジションを純粋にパッシブにヘッジしている。これは、為替市場のボラティリティがレコードにもはや直接影響を与えることはなく、同社はトレード（取引を行うこと）に依存することも、為替の方向性の予測にかけることもないという大きな価値を付け加えることでもある。これは大変に魅力的で、例えば証券会社はレコードと多くの類似点を持っているが、彼らの業績は株式市場の概況と、彼らが市場で行う取引、つまり直接的にはコントロールできない要素に大いに依存している。

検証の結果、われわれは2012年3月に9.75ペンスで同社の株式を取得した。

結果

　2012年3月から初版を書いている時点（2013年6月）までに、レコードは複数回にわたって半期の決算発表を行っているが、そこでは同社のより前向きな展開が示唆されていた。顧客数はもはや減少せず、実際には数件の新たな顧客を獲得してもいた。経営陣は2013年末までにさらに新たな顧客を獲得できそうだと考えており、複数の潜在顧客から接触を受け、提供するサービスについて議論していると述べていた。

　2012年3月に9.75ペンスの安値を付けて以降、株式は上昇を始め、2012年11月には30ペンスとなった。初版が刊行された時点では34ペンスである。その後、本書執筆時（2017年11月）には47ペンスまで上昇している。新たなマンデートを獲得してきたことで、同社の「預かり資産同等物」は過去最大となっている。支払配当金も増加し、期末には特別配当も支払われたが、資本政策の見直し、つまり余剰資本の株主還元が現在検討されている。同社はまた2017年を通じて10％の自社株買いをしている。

　私は本章の初めに、完璧なバリュー株など存在しないと記したが、このユニークな会社はそれに近いものがあると考えている。資本利益率は高く、ビジネスモデルはどこまでも拡張可能で、貸借対照表にリスクはなく、巨大な市場で活動している。私にしてみれば、同社の株価はディープバリューの領域にあるときに買ったわけである。これらの新たな展開を通じて、同社は「正常」に戻ることができるであろうし、願わくは、シティで広く注目を集め始めることであろう。

　同社は、ひとたびNAV（10.4ペンス）を超えたら売却するようなたぐいの投資対象ではない。そうするのであれば、とうの昔に株式を売

却していなければならない。この投資はそうするには魅力的すぎるのだ。市場は、収益性が安定し、再び上昇すると確信するや、増大する利益に注目するようになるであろう。今のところ私は同社の収益性がどの程度になるか分からないが、2010年の水準、つまり1株当たり利益が5.38ペンスに近づくのだとしたら、現在の株価は低すぎる。

　私はバリュー株として同社を買ったが、やがて利益がものを言うようになったら売却するであろう。願わくは、より高い価格で、である。

　レコードはわれわれの最大の保有銘柄である。同社は素晴らしい投資対象であり続けているが、当初9.75ペンスで取得した株式は現在48ペンスもの価格となっている。私は今でも自分がいままで見いだしたなかで最高の銘柄だと考えているが、ほかにも素晴らしい銘柄は存在するし、常に明日はあるのだ。

エピローグ

　本書を通じてディープバリュー投資が何たるかを理解してもらえたら幸いである。私は投資ユニバースのうち極めて狭い分野にだけ集中してきたが、より実りのある分野のひとつであると思っている。
　NAV（純資産価値）よりも安くなっている銘柄を探すことで投資候補となる株式を選択していると、多くの興味深い機会に出くわすことになる。ディープバリュー投資家であるわれわれは、大多数の株式投資家とは異なる角度からそれらの銘柄に向き合っている。彼らとは違い、われわれは利益やPER（株価収益率）の水準には特に興味がない。われわれにとっては、大幅なディスカウント、流動性の高い資産、シクリカルな業界、そして実績ある機敏なビジネスモデルが理想である。利益など、実は二の次なのだ。実際に、利益が低迷している銘柄こそ理想的な買い物であることが多い。
　この手法が真に価値ある投資対象を見いだせること、そしてそれが機能した——たいていは機能する——ときに素晴らしいリターンをもたらすことを示せていれば幸いである。このようなディープバリュー投資で構成されるポートフォリオは驚くほどの報いをもたらすことになろう。
　この手の株式投資は極めてリスクが高いと言われることが多い。当然ながら、私はそれに同意しない。企業は行き詰まり、低迷しているように見えるかもしれない。しかし、われわれは往々にして流動性の高い資産を割安で取得している。それは50ポンド紙幣に20ポンド支払っているようなものである。仮に自分たちが取得したあとで株価がさらに下落したら、たいていの場合それはより安く買い増す機会なのである。つまり10ポンドまたは5ポンドで50ポンドを買うという具合だ。長期的取り組みこそがものを言うのだ。そしてクオリティはやがて形

に表れる。ほかの投資家がそれに気づくこともあろうし、他社が買収を仕掛けてくることもあろう。

　ディープバリュー投資は安全でもある。なぜなら、それは信じられないほど制約の多い投資手法であるからだ。つまり、アップサイドが最大となり、リスクが最小となるときにだけ投資を行う。興味深いバリュー株がほとんど見つからないときは、おそらく市場はそこから離れていたほうが良い水準にあるのであろう。ディープバリュー投資家は喜んでそうする。これは多大な忍耐力を要するものであるし、多くの魅力的な投資対象をあきらめることになるかもしれない。しかし、利益を追いかけると、市場が反転したときに確実に損をすることになる。

　むしろ私は、見通しが最も暗いときに目いっぱい投資し、市場が自信を回復するにつれて現金やクオリティの高い短期債（ギルト）に向かうようにしている。独りぼっちになるかもしれないが、株式市場から獲得する利益を最大化したいと考えている者にとっては合理的な方法だと思う。

　市場で取引が可能だからといって、取引をしなければならないわけではない。客観的にも魅力的な価格で株式を取得することで、市場はわれわれの主人ではなく、僕となるのだ。ディープバリュー投資家であることで、市場は読者のものとなるのである。

謝辞

　妻アヌークの支えはかけがえのないものである。私がチャーチ・ハウス・インベストメントで自らの信念に基づいた仕事ができるようになるまでは、彼女は何年にもわたって不満タラタラのバリュー投資家と過ごさなければならなかった。

　チャーチ・ハウス・インベストメントの同僚たち、ジェームズ・マホン、ジェレミー・ウォートン、キャロル・フーパー、ロリー・キャンベル・ラマートンのサポートなくしては、本書が世に出ることはなかった。彼らの絶え間ない励ましと、バリュー投資への深い理解のおかげで、バリュー・アプローチを投資に適用するに極めて快適な環境が得られている。

　本書初版の原稿に早い段階から目を通してくれただけでなく、アイデアを提供し、また第2版では序文も寄せてくれたメリン・サマーセット・ウエッブにも心から感謝申し上げる。

■著者紹介
イェルン・G・ボス(Jeroen G. Bos)
オランダ人投資家であるイェルン・G・ボスは1978年からイギリスに在住している。サセックス大学で経済学を修め、主にシティ・オブ・ロンドンの金融サービス業界でキャリアを積んできた。ボスは長年にわたり証券会社のパンミュア・ゴードン・アンド・カンパニーに勤務したが、バリュー投資への興味を持ったのもそのときである。1987年10月の株式市場の暴落がその興味をさらに強いものとし、そのとき彼はベンジャミン・グレアムの『賢明なる投資家』(パンローリング)から刺激を受けることになる。2003年末、ボスはチャーチ・ハウス・インベストメント・マネジメントに加わり、CH・ディープ・バリュー(バハマ籍)の運用を行う。このファンドは2012年3月にイギリス籍のディープ・バリュー・インベストメンツ・ファンドとなる。彼はサセックスに居住し、妻と3人の息子に恵まれている。イェルン・ボスはCH・ディープ・バリュー・インベストメンツ・ファンド、エンテック・アップストリーム・PLC、ハイドロジェン・グループ・PLC、レコード・PLCに出資している。

■監修者紹介
長尾慎太郎(ながお・しんたろう)
東京大学工学部原子力工学科卒。北陸先端科学技術大学院大学・修士(知識科学)。日米の銀行、投資顧問会社、ヘッジファンドなどを経て、現在は大手運用会社勤務。訳書に『魔術師リンダ・ラリーの短期売買入門』『新マーケットの魔術師』など(いずれもパンローリング、共訳)、監修に『高勝率トレード学のススメ』『ラリー・ウィリアムズの短期売買法【第2版】』『コナーズの短期売買戦略』『続マーケットの魔術師』『続高勝率トレード学のススメ』『システマティックトレード』『株式投資で普通でない利益を得る』『市場ベースの経営』『世界一簡単なアルゴリズムトレードの構築方法』『ハーバード流ケースメソッドで学ぶバリュー投資』『システムトレード 検証と実践』『ウォール街のモメンタムウォーカー【個別銘柄編】』『マーケットのテクニカル分析』『ブラックエッジ』『プライスアクション短期売買法』『インデックス投資は勝者のゲーム』『新訳 バブルの歴史』『株式トレード 基本と原則』『企業に何十億ドルものバリュエーションが付く理由』『ディープバリュー投資入門』『デイトレードの基本と原則』『ファクター投資入門』『ティリングハストの株式投資の原則』『経済理論の終焉』『トレンドフォロー大全』『金融市場はカジノ』など、多数。

■訳者紹介
藤原玄(ふじわら・げん)
1977年生まれ。慶應義塾大学経済学部卒業。情報提供会社、米国の投資顧問会社在日連絡員を経て、現在、独立系投資会社に勤務。業務のかたわら、投資をはじめとするさまざまな分野の翻訳を手掛けている。訳書に『なぜ利益を上げている企業への投資が失敗するのか』『株デビューする前に知っておくべき「魔法の公式」』『ブラックスワン回避法』『ハーバード流ケースメソッドで学ぶバリュー投資』『堕天使バンカー』『ブラックエッジ』『インデックス投資は勝者のゲーム』『企業に何十億ドルものバリュエーションが付く理由』『ディープバリュー投資入門』『ファクター投資入門』(パンローリング)などがある。

2019年5月3日　初版第1刷発行

ウィザードブックシリーズ ㉗⑨

実践 ディープバリュー投資
──専門知識不要でできる企業分析

著　者	イェルン・G・ボス
監修者	長尾慎太郎
訳　者	藤原玄
発行者	後藤康徳
発行所	パンローリング株式会社
	〒160-0023　東京都新宿区西新宿7-9-18　6階
	TEL 03-5386-7391　FAX 03-5386-7393
	http://www.panrolling.com/
	E-mail　info@panrolling.com
編　集	エフ・ジー・アイ（Factory of Gnomic Three Monkeys Investment）合資会社
装　丁	パンローリング装丁室
組　版	パンローリング制作室
印刷・製本	株式会社シナノ

ISBN978-4-7759-7252-6

落丁・乱丁本はお取り替えします。
また、本書の全部、または一部を複写・複製・転訳載、および磁気・光記録媒体に
入力することなどは、著作権法上の例外を除き禁じられています。

本文　©Gen Fujiwara／図表　©Pan Rolling　2019 Printed in Japan

ベンジャミン・グレアム

1894/05/08 ロンドン生まれ。1914年アメリカ・コロンビア大学卒。ニューバーガー・ローブ社（ニューヨークの証券会社）に入社、1923-56年グレアム・ノーマン・コーポレーション社長、1956年以来カリフォルニア大学教授、ニューヨーク金融協会理事、証券アナリストセミナー評議員を歴任する。バリュー投資理論の考案者であり、おそらく過去最大の影響力を誇る投資家である。

ウィザードブックシリーズ10

賢明なる投資家
割安株の見つけ方と バリュー投資を成功させる方法

定価 本体3,800円+税　ISBN:9784939103292

市場低迷の時期こそ、 威力を発揮する「バリュー投資のバイブル」

ウォーレン・バフェットが師と仰ぎ、尊敬したベンジャミン・グレアムが残した「バリュー投資」の最高傑作！　だれも気づいていない将来伸びる「魅力のない二流企業株」や「割安株」の見つけ方を伝授。

ウィザードブックシリーズ44

証券分析【1934年版】

著者　ベンジャミン・グレアム／デビッド・L・ドッド

定価 本体9,800円+税　ISBN:9784775970058

「不朽の傑作」ついに完全邦訳!

研ぎ澄まされた鋭い分析力、実地に即した深い思想、そして妥協を許さない決然とした論理の感触。時を超えたかけがえのない知恵と価値を持つメッセージ。

ベンジャミン・グレアムをウォール街で不滅の存在にした不朽の傑作である。ここで展開されている割安な株式や債券のすぐれた発掘法にはいまだに類例がなく、現在も多くの投資家たちが実践しているものである。

フィリップ・A・フィッシャー

1928年から証券分析の仕事を始め、1931年にコンサルティングを主としたフィッシャー・アンド・カンパニーを創業。現代投資理論を確立した1人として知られている。本書を執筆後、大学などでも教鞭を執った。著書に『株式投資で普通でない利益を得る』『投資哲学を作り上げる/保守的な投資家ほどよく眠る』(いずれもパンローリング)などがある。なお、息子であるケネス・L・フィッシャーは、運用総資産300億ドル以上の独立系資産運用会社フィッシャー・インベストメンツ社の創業者・会長兼CEO、フォーブス誌の名物コラム「ポートフォリオ・ストラテジー」執筆者、ベストセラー『ケン・フィッシャーのPSR株分析』『チャートで見る株式市場200年の歴史』『投資家が大切にしたいたった3つの疑問』(いずれもパンローリング)などの著者である。

ウィザードブックシリーズ 238

株式投資で普通でない利益を得る

定価 本体2,000円+税　ISBN:9784775972076

成長株投資の父が教える
バフェットを覚醒させた20世紀最高の書

バフェットが莫大な資産を築くのに大きな影響を与えたのが、成長株投資の祖を築いたフィリップ・フィッシャーの投資哲学だ。10倍にも値上がりする株の発掘法、成長企業でみるべき15のポイントなど、1958年初版から半世紀を経ても、現代に受け継がれる英知がつまった投資バイブル。

本書の内容

- 会社訪問をしたときにする質問(「まだ同業他社がしていないことで、御社がしていることは何ですか」)
- 周辺情報利用法
- 株を買うときに調べるべき15のポイント
- 投資界の常識に挑戦(「安いときに買って、高いときに売れ」には同意できない)
- 成功の核
- 株の売り時(正しい魅力的な株を買っておけば、そんなときは来ないかもしれない)
- 投資家が避けるべき5つのポイント
- 大切なのは未来を見ること(最も重視すべきは、これからの数年間に起こることは何かということ)

ウィザードブックシリーズ263

インデックス投資は勝者のゲーム
株式市場から利益を得る常識的方法

ジョン・C・ボーグル【著】

定価 本体1,800円+税　ISBN:9784775972328

市場に勝つのはインデックスファンドだけ！
改訂された「投資のバイブル」に絶賛の嵐！

本書は、市場に関する知恵を伝える一級の手引書である。もはや伝説となった投資信託のパイオニアであるジョン・C・ボーグルが、投資からより多くの果実を得る方法を明らかにしている。つまり、コストの低いインデックスファンドだ。ボーグルは、長期にわたって富を蓄積するため、もっとも簡単かつ効果的な投資戦略を教えてくれている。その戦略とは、S&P500のような広範な株式市場のインデックスに連動する投資信託を、極めて低いコストで取得し、保有し続けるということである。

ウィザードブックシリーズ272

ティリングハストの株式投資の原則
小さなことが大きな利益を生み出す

ジョエル・ティリングハスト【著】

定価 本体2,800円+税　ISBN:9784775972427

第二のピーター・リンチ降臨！
失敗から学び、大きな利益を生む方法

投資家は日々紛らわしい情報や不完全な情報に惑わされている。ラッキーな投資を行い、大きな利益を上げ、自信満々となるかもしれない。しかし、次に打って出た大きな賭けは裏目に出て、財政的困難に見舞われるばかりか、心身ともに打ちのめされるかもしれない。では、このような不安定な職業でどのように集中力を保つことができるのだろうか。過去の成功をもとに計画を立て、将来を予測する自信がないとしたら、将来の危険な状況をどのように避けることができるのだろうか。本書において、ティリングハストが、投資家がそのような誤りを回避する術を伝授している。

ウィザードブックシリーズ268
ディープバリュー投資入門
平均回帰が割安銘柄を上昇させる

トビアス・E・カーライル【著】

定価 本体2,200円+税　ISBN:9784775972366

バフェットも魔法の公式も打ち負かす
買収者のマルチプル!

バフェットはだれもまねできない「適正な価格の優良企業」を見極める能力があった。ジョエル・グリーンブラットはバフェット銘柄を検証し、それらが市場に打ち勝つことを発見し、『株デビューする前に知っておくべき「魔法の公式」』(パンローリング)という素晴らしい本にまとめた。しかし、本書では、「魔法の公式」のパフォーマンスを上回る「格安な価格の適正企業」(買収者のマルチプル)の見つけ方を平易な言葉で説明していく。ビジネスに関する正規の教育を受けていない者でも、投資におけるバリューアプローチが理解でき、読後、5分後にはそれを利用できるようになるだろう。

ウィザードブックシリーズ230
勘違いエリートが
真のバリュー投資家になるまでの物語

ガイ・スピア【著】

定価 本体2,200円+税　ISBN:9784775971994

バフェットとのランチ権を65万ドルで買った男!
まるで本書は「バフェットへのラブレター」だ!

本書は、生意気で自己中心的だった若い銀行家が驚くべき変身を遂げて、自分のルールで運用するヘッジファンドマネジャーとして大成功を収めるまでの記録である。彼は内省と、一流投資家たちとの友情と、彼にとってのヒーローであるウォーレン・バフェットとのチャリティー昼食会(65万0100ドルで落札した)を通じて進化を遂げていった。この物語には、投資やビジネスや大金がかかった判断に関することについて多くの驚くような洞察があふれている。

「カニンガムは私たちの哲学を体系化するという
　素晴らしい仕事を成し遂げてくれた」──ウォーレン・バフェット

「とても実用的な書だ」──チャーリー・マンガー
「バリュー投資の古典であり、バフェットを知るための究極の1冊」──フィナンシャル・タイムズ
「このバフェットに関する書は素晴らしい」──フォーブス

ローレンス・A・カニンガム［著］　　定価 本体2,000円+税　ISBN:9784775972083